www.ingramcontent.com/pod-product-compliance
Lightning Source LLC
LaVergne TN
LVHW010607070526
838199LV00063BA/5101
9789358725742

کتب خانے

لفظوں کے روشن مینار

(تعمیر نیوز ویب پورٹل کے منتخب تحقیقی مضامین)

مرتبہ:

مکرم نیاز

© Taemeer Publications LLC

Kutub-Khaane : LafzoN ke raushan Minaar (Essays)
by: Mukarram Niyaz
Edition: January '2024
Publisher & Printer:
Taemeer Publications LLC (Michigan, USA / Hyderabad, India)

ISBN 978-93-5872-574-2

مصنف یاناشر کی پیشگی اجازت کے بغیر اس کتاب کا کوئی بھی حصہ کسی بھی شکل میں بشمول ویب سائٹ پر اَپ لوڈنگ کے لیے استعمال نہ کیا جائے۔ نیز اس کتاب پر کسی بھی قسم کے تنازع کو نمٹانے کا اختیار صرف حیدرآباد (تلنگانہ) کی عدلیہ کو ہوگا۔

© تعمیر پبلی کیشنز

کتاب	:	**کتب خانے : لفظوں کے روشن مینار** (مضامین)
مرتبہ	:	**مکرم نیاز**
صنف	:	نثری مضامین
ناشر	:	تعمیر پبلی کیشنز (حیدرآباد، انڈیا)
سالِ اشاعت	:	۲۰۲۴ء
صفحات	:	۷۶
سرورق ڈیزائن	:	تعمیر ویب ڈیزائن

فہرست

(۱)	کتب خانہ داری: ایک تعارف	-	7
(۲)	کتاب: کتب خانہ داری (ایک تعارف)	تالیف: شہاب الدین انصاری	9
(۳)	کتب خانہ: مسلم سلطنتوں کی توجہ کا مرکز	روزنامہ 'اردو نیوز' (جدہ)	12
(۴)	ہندوستان میں قومی کتب خانہ	احمد الدین	15
(۵)	برٹش میوزیم لائبریری	مسعود حسین	20
(۶)	آصفیہ اسٹیٹ سنٹرل لائبریری	سیاست نیوز و سہارا نیوز بیورو	28
(۷)	خدا بخش اورینٹل لائبریری پٹنہ: مطالعہ کے ذوق و جنون کا مینارہ	حقانی القاسمی و شہناز بیگم	36
(۸)	زندہ لفظوں کا روشن مینار: رامپور رضا لائبریری	حقانی القاسمی	50
(۹)	رامپور کی ۲۵۰ سالہ قدیم شہرت یافتہ عالیہ لائبریری	ذیشان مراد	64
(۱۰)	کتب خانہ محمدیہ اور ممبئی کی منتشر یادیں	عبد المتین منیری	66
(۱۱)	پرانا شہر حیدرآباد کی شاہ علی بنڈہ لائبریری: چھ ہزار سے زائد نایاب کتب موجود	رہنما نیوز بیورو	75

انتساب

تعمیر نیوز

ویب پورٹل سے استفادہ کرنے والے
معزز قارئین و محققین
کے نام

(۱) کتب خانہ داری: ایک تعارف

کتب خانے کسی بھی متمدن سماج میں ایک مسلم حیثیت رکھتے ہیں۔ ان کی تاریخ، تنظیم اور ان کا دائرہ کار، ان سے استفادہ کے امکانات اور ان امکانات میں وسعت کی گنجائش ۔۔۔ ان سب کا مطالعہ نہ صرف علم کتب خانہ داری کے طالب علم کے لیے ضروری ہے بلکہ ایک عام تعلیم یافتہ فرد کے لیے بھی کتب خانہ کے جملہ پہلوؤں کی جانکاری نہایت ضروری ہے کیونکہ اس علم کے بغیر سماج کے اس اہم ادارہ سے وہ کماحقہ مستفید نہیں ہو سکتا۔

انتظام مملکت جب جمہوریت کے دور میں داخل ہوا اور تعلیم خواص کے لیے مخصوص نہ ہو کر عوام کی میراث بنی تو علوم کے دائرہ میں وسعت بھی ہوئی اور اس وسعت کی رفتار تیز سے تیز تر ہوتی گئی۔ کتابوں کی درجہ بندی، ان کے اندراج کے اصول وضوابط مرتب ہوئے اور کتب کی معیار بندی کی گئی۔

کتب خانہ داری کی باقاعدہ تعلیم انیسویں صدی کے آخری برسوں میں شروع ہوئی اور ایک عرصہ تک تعلیم وتربیت کا یہ کام پیشہ ورانہ انجمنوں کی ذمہ داری رہا۔ یونیورسٹی میں پڑھائے جانے والے ایک مضمون کی حیثیت سب سے پہلے جرمنی کی گوٹنگن یونیورسٹی (University of Gottingen) میں ملی۔

ہندوستان میں کتب خانہ داری سے متعلق تعلیم وتربیت کا کام سب سے سنہ ۱۹۱۱ء میں ریاست بڑودہ میں شروع ہوا۔ مدراس یونیورسٹی ملک کی پہلی یونیورسٹی ہے جس نے

۱۹۳۱ء میں کتب خانہ داری کو اپنے نصاب میں شامل کیا۔

انگریزی اور یورپ کی دوسری زبانوں میں کتب خانہ داری کے موضوع پر ادب کا ایک بڑا ذخیرہ موجود ہے۔ ایک سے زائد انسائیکلوپیڈیا مرتب ہو چکے ہیں اور دوسرے علوم کی طرح کتب خانہ داری پر مرتب مواد کا ایک سالانہ جائزہ ایڈوانسز ان لائبریرین شپ (Advances in Librarianship) کے نام سے شائع ہوتا ہے۔ اس کے برعکس اردو زبان میں دستیاب مواد کی تعداد نہ صرف مختصر ہے بلکہ اس کا بڑا حصہ کتب خانوں کے تاریخی جائزہ تک محدود ہے۔

(۲) کتاب: کتب خانہ داری (ایک تعارف)
تالیف: شہاب الدین انصاری

ترقی اردو بیورو (نئی دہلی) نے جین کے۔ گیٹس (Jean Key Gates) کی انگریزی کتاب "انٹروڈکشن ٹو لائبریرین شپ" (Introduction to librarianship) کو بنیاد بنا کر اسی موضوع پر ایک مکمل اردو کتاب کی اشاعت کا ارادہ کیا جسے شہاب الدین انصاری نے تکمیل تک پہنچایا۔

اس اردو کتاب کا بنیادی ڈھانچہ، کتب خانوں کے تاریخی پس منظر اور مختلف اقسام کے کتب خانوں کے لیے مولف نے بڑی حد تک گیٹس کی انگریزی کتاب سے استفادہ تو کیا مگر یہ کوشش بھی کہ معلومات کے دائرہ کو امریکہ تک محدود نہ کر کے برطانیہ اور ہندوستان میں موجود صورتحال کے جائزہ کو بھی پیش کیا ہے۔ اس لیے تاریخی پس منظر کے حصہ میں، مشرقی دنیا میں کتب خانوں کے عروج پر بھی تفصیلی نظر ڈالی گئی ہے۔

کتب خانوں کی تاریخ و تہذیب کی تفصیلات پر مبنی یہ دلچسپ اور یادگار کتاب تعمیر نیوز کے ذریعے پی۔ڈی۔ایف فائل کی شکل میں ویب پورٹل "تعمیر نیوز" پر پیش کی گئی ہے۔ تقریباً چار سو صفحات کی اس پی۔ڈی۔ایف فائل کا حجم صرف ۱۸ میگا بائٹس ہے۔ کتاب کا ڈاؤن لوڈ لنک کیو آر کوڈ کی شکل میں نیچے درج ہے۔

فہرست مضامین

حصہ اول	حصہ دوم	حصہ سوم
1 : کچھ اس کتاب کے بارے میں	23: کتب خانے-اقسام	50 : کتب خانہ داری - پیشہ ورانہ تنظیم
2: تاریخی مطالعہ کی ضرورت	24: اسکولی کتب خانے	51: ممالک متحدہ امریکہ
3 : کتب خانے - تاریخی مطالعہ	25 : اسکول کتب خانے امریکہ میں	52: برطانیہ
4: عہد عتیق	26 : اسکول کتب خانے برطانیہ میں	53: ہندوستان
5: مصر	27 : اسکول کتب خانے ہندوستان میں	54 : علم کتب خانہ داری کی تعلیم وتربیت
6: یونان وروم	28: تعلیمی اداروں کے کتب خانے	55: ہندوستان
7: عہد وسطی-ابتدائی دور	29 : کالج کتب خانے	56: علم کتب خانہ داری کے ماخذ ومواد
8: جاگیریت کا دور	30: یونیورسٹی کتب خانے	57: کتب خانہ کے کام
9: صلیبی جنگیں	31 : یونیورسٹی کتب خانے برطانیہ میں	58 : کتب خانہ اور عمل خودکاری
10 : یونیورسٹیوں کا قیام اور ان کا عروج	32 : ہندوستان - یونیورسٹی کتب خانے	59: مستقبل کی سمت
11: عہد وسطی-جدید دور	33: تحقیقی اداروں کے کتب خانے	60: کل کے لائبریرین
12 : روشن خیالی سے بیسویں صدی تک	34: خاص کتب خانے	61 : سماج میں کتب خانہ کا مقام
13: امریکہ-انیسویں صدی کے ابتدائی ایام	35: ایسلب(ASLIB)	62: یونیسکو منشور برائے کتب خانہ
14: امریکہ-انیسویں صدی ،لائبریری آف کانگریس	36: انڈین ایسوسی ایشن آف اسپیشل لائبریریز اینڈ انفارمیشن سنٹرس	
15 : مشرقی دنیا میں کتب خانے	37: قومی کتب خانے	
16: ہندوستان-عہد قدیم تا عہد وسطیٰ	38: امریکہ-لائبریری آف کانگریس	
17 : ہندوستان - انیسویں صدی تادورِ جدید		

	39 : قومی کتب خانہ برائے طب	18 : راجہ رام موہن رائے فاؤنڈیشن
	40 : قومی زرعی کتب خانہ	19 : عام کتب خانے ریاستی سطح پر
	41 : برطانیہ - برٹش لائبریری	20 : دہلی پبلک لائبریری
	42 : ہندوستان - قومی کتب خانہ	21 : دورِ جدید - امریکہ
	43 : سنٹرل ریفرنس لائبریری	22 : برطانیہ - عام کتب خانے
	44 : نیشنل سائنس لائبریری	
	45 : قومی طبی کتب خانہ	
	46 : انسڈاک (INSDOC)	
	47 : سینڈاک (SENDOC)	
	48: نسّات (NISSAT)	
	49 : سائنسی اور تکنیکی معلومات ہندوستان میں	

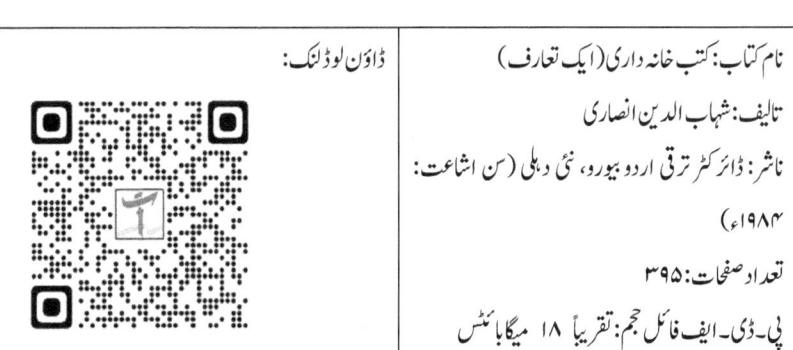

نام کتاب : کتب خانہ داری (ایک تعارف)
تالیف : شہاب الدین انصاری
ناشر : ڈائرکٹر ترقی اردو بیورو، نئی دہلی (سن اشاعت : ۱۹۸۴ء)
تعداد صفحات : ۳۹۵
پی۔ڈی۔ایف فائل حجم : تقریباً ۱۸ میگابائٹس
ڈاؤن لوڈ لنک :

(۳) کتب خانہ: مسلم سلطنتوں کی توجہ کا مرکز

روزنامہ 'اردو نیوز' (جدہ)

ہر دور اور ہر زمانے میں مسلم سلاطین اور فرمانرواؤں نے علوم و فنون کی ترویج و اشاعت کی طرف خصوصی توجہ دی۔ جگہ جگہ تعلیمی ادارے، درسگاہیں اور کتب خانے تعمیر کئے جہاں سے ہر فن کے ممتاز علماء، محققین اور ریسرچ اسکالرز پیدا ہوئے جنہوں نے ایسی ایسی معرکۃ الآرا کتابیں تصنیف و تالیف کیں جن کے اصول و مبادی پر عمل کر کے مغربی ملکوں نے ترقی حاصل کی۔

مورخین کا کہنا ہے کہ خلافت عباسیہ میں سب سے پہلے کتب خانہ قائم کیا گیا تھا جہاں ہزاروں کی تعداد میں نادر و نایاب کتابیں موجود تھیں۔ جب مامون نے خلافت و سلطنت کی باگ ڈور سنبھالی تو انہوں نے اس لائبریری کی طرف خصوصی توجہ مبذول کی۔ یہ بڑے علم دوست حکمراں تھے۔ علماء و فضلاء کی بڑی قدر کرتے، ان کی خدمات کو سراہتے۔

انہوں نے یونانی اور سریانی زبانوں میں لکھی گئی کتابوں کا عربی میں ترجمہ کرانے کا حکم صادر کیا۔ اس کیلئے ایک کمیٹی تشکیل دی گئی اور ملک کے طول و عرض سے تجربہ کار مترجمین کو جمع کر کے غیر ملکی زبانوں سے عربی میں اہم کتابوں کا ترجمہ کروایا۔ اس طرح "بیت الحکمہ" میں نادر و نایاب کتابوں کا بہت بڑا ذخیرہ جمع ہو گیا اور محققین و ریسرچ اسکالروں کا مرکز بن گیا۔ اندرون و بیرون ملک کے محققین و ریسرچ اسکالروں کے علاوہ اساتذہ و طلبہ یہاں آتے اور اس لائبریری سے استفادہ کرتے۔ چوتھی صدی ہجری کے

اواخر تک یہ لائبریری مرجع کی حیثیت رکھتی تھی۔

اس کے بعد فاطمی حکمرانوں نے مصر میں عظیم الشان لائبریری تعمیر کی، جس کا نام "خزانہ الکتب" رکھا گیا۔ اس وقت مسلم ملکوں میں اس سے بڑا کتب خانہ موجود نہیں تھا۔ اس میں لاکھوں کی تعداد میں کتابیں موجود تھیں۔ فاطمی حکومت کے سقوط اور ایوبی سلطنت کے قیام کے بعد یہ لائبریری فروخت کر دی گئی تھی تاہم فروخت ہونے سے قبل معروف ادیب و مورخ القاضی الفاضل نے تقریباً ایک لاکھ کتابیں لائبریری سے حاصل کر کے اپنے مدرسہ "الفاضلیہ" کے کتب خانہ میں منتقل کر دی تھیں۔

ایوبی اور مملوکی دور میں شام و مصر کے بیشتر علاقوں میں تعلیمی اداروں کے ساتھ ساتھ کتب خانے تعمیر کئے گئے۔ کتب خانوں کی دیکھ بھال کیلئے علیحدہ شعبے قائم کئے گئے۔ ملازمین کا تقرر کیا گیا، کتابوں سے استفادہ کیلئے قواعد و ضوابط وضع کئے گئے اور اخراجات کیلئے اراضی وقف کی گئیں۔ تاہم ۱۸ویں صدی عیسوی کے اواخر میں جب فرانس نے مصر پر حملہ کیا تو اس کی افواج یہاں کے کتب خانوں سے بے شمار مخطوطات چرا کر پیرس لے گئیں جس سے مصری اسکالروں کو کافی تشویش لاحق ہوئی۔

ان لوگوں نے حکمرانوں سے احتجاج کیا اور نادر و نایاب کتابوں کے تحفظ کو یقینی بنانے کا پرزور مطالبہ کیا۔ اس وقت مصر میں کاپی رائٹ کا کوئی نظام نہیں تھا۔ غیر ملکی تاجر آتے اور کتب خانوں کے مالکوں سے رابطہ کر کے نادر و نایاب کتابیں خرید کر اپنے ملک لے جاتے۔ یہ صورتحال دیکھ کر محمد علی پاشا نے کاپی رائٹ کا نظام قائم کیا اور الخدیوی بادشاہ اسماعیل سے مل کر ایک عظیم الشان لائبریری تعمیر کرنے کا پروگرام بنایا جسے ۱۲۶۵ھ مطابق ۱۸۴۹ء میں مکمل کر لیا گیا۔ اس کا نام "دار الکتب المصریہ" رکھا گیا۔

(موجودہ نام: دار الکتب والوثائق القومیۃ)

ملک کے طول و عرض سے نادر و نایاب کتابیں جمع کر کے اس میں رکھی گئیں۔ اس طرح اس کی کتابوں کی تعداد ۲۰ ہزار تک پہنچ گئی تھی جس میں تین ہزار ۴۵۸ مخطوطات اور نادر کتابیں تھیں۔ جمادی الاول ۱۲۸۷ھ مطابق ۳۰/جون ۱۸۷۰ء میں اس کتب خانے سے استفادہ کرنے کا مکمل نظام مرتب کیا گیا، جبکہ اسی سال ماہ رجب میں افادہ عام کیلئے اسے کھول دیا گیا جس سے لوگوں کو استفادہ کرنے میں کافی سہولت ہو گئی۔ بعد میں اس عظیم کتب خانے میں توسیع کی گئی اور متعدد کتب خانوں کو اس میں ضم کر دیا گیا۔

اس وقت اس کتب خانے میں ۶۰ ہزار مخطوطات، قدیم زمانے کے بے شمار اسلامی سکے اور کتبات کے علاوہ سونے کے پانی سے آراستہ مشہور خطاطوں کے ہاتھوں سے تحریر شدہ متعدد کلام پاک موجود ہیں۔

اس کتب خانے کے تحت ۱۳۲۹ھ مطابق ۱۹۱۱ء میں کئی مخطوطہ کتابوں کو ایڈٹ کر کے شائع کیا ہے جس میں:

الاصنام لابن الکلبی / التاج للجاحظ / مسالک الابصار لابن فضل اللہ العمری

شامل ہیں۔ ان کتابوں کی تحقیق احمد زکی پاشا نے کی ہے۔

نیز القلقشندی کی صبح الاعشی، النویری کی نہایۃ الادب، ابن تغری بردی کی النجوم الزاہرۃ، ابوالفرج الاصبہانی کی الاغانی اور تفسیر القرطبی بھی شائع کی گئی ہے۔

بشکریہ:

روزنامہ اردو نیوز (جدہ)، 'روشنی' مذہبی سپلیمنٹ، ۲۳/مئی ۲۰۰۸ء۔

(۴) ہندوستان میں قومی کتب خانہ

احمد الدین

آزادی سے قبل ہندوستان میں صرف ایک کتب خانہ تھا لیکن آزادی کے بعد سالوں میں ملک کی سائنسی اور تکنیکی میدان میں معلومات کی بڑھتی ہوئی ضرورت کے پیش نظر علم کی مخصوص شاخوں کے لئے قومی سطح پر کتب یا حوالہ جاتی خدمت فراہم کرنے کے ادارے قائم کئے گئے۔ اس وقت ملک میں درج ذیل کتب خانے یا حوالہ جاتی خدمات فراہم کرنے کے لئے مراکز قائم ہیں:

قومی کتب خانہ (کلکتہ)

قومی کتب خانہ برائے سائنس (دہلی)

قومی کتب خانہ برائے طب (دہلی)

انسڈاک - ہندوستانی قومی مرکز برائے ترتیب حوالہ جاتی سائنس (INSDOC -
(Indian national scientific documentation centre

سماجی علوم میں تحقیق کی ہندوستانی کونسل کا مرکز ترتیب حوالہ جات (ICSSR -
(Indian Council of Social Science Research

سنڈاک - چھوٹی صنعتوں کے لئے ترتیب حوال کا قومی مرکز) :SENDOC
(Small Enterprises National Documentation Centre

سائنس، مواصلات اور اطلاعاتی وسائل کا قومی مرکز (- NISCAIR

National Institute of Science Communication and (Information Resources

قومی کتب خانہ

نیشنل لائبریری یا قومی کتب خانہ کے قیام کی ابتدا ۱۹۵۲ء میں اس وقت ہوئی، جب بنگال میں کلکتہ پبلک لائبریری قائم ہوئی۔ موجودہ کتب خانہ کا اساسی ذخیرہ کلکتہ پبلک لائبریری کی کتابیں ہیں جو ۱۹۰۲ء کے امپریل لائبریری ایکٹ کے تحت اسے ملیں۔ اسی طرح قومی کتب خانہ کو فورٹ ولیم کالج کی نایاب کتابیں بھی مل گئیں۔

کتب خانہ کا افتتاح لارڈ کرزن وائسرائے اور گورنر جنرل نے ۱۹۰۳ء میں کیا اور اپنی افتتاحی تقریر میں کتب خانہ کے مقصد کو بیان کرتے ہوئے کہا کہ:

"یہ نہ کتابیں مستعار دینے والا کتب خانہ ہے اور نہ عام کتب خانہ۔ مستعار دینے والے کتب خانے کی کتابوں کی لوگ پروا نہیں کرتے ہیں اور ایسے کتب خانے عموماً سستے ناول اور افسانوں کی کتابوں کو فراہم کرنے کا کام کرتے ہیں۔"

کرزن کے سامنے برٹش میوزیم کی مثال تھی اور وہ اس کتب خانہ کو بھی انھیں خطوط پر پروان چڑھتا ہوا دیکھنا چاہتے تھے۔ ۱۹۰۳ء میں کتب خانہ کے قیام سے متعلق بی۔ ایس۔ کیساون [B. S. Kesavan] کی انڈیاز نیشنل لائبریری- ۱۹۶۱، و نیز نیشنل لائبریری آف انڈیا کریٹیکل اسٹڈی بمبئی-۱۹۷۰، میں جو گزٹ شائع ہوا تھا، اس میں کتب خانہ کے مقاصد کو ان الفاظ میں بیان کیا گیا ہے:

"ہمارا مقصد اسے مراجعہ کا ایک کتب خانہ بنانا ہے، یہ علم کے متلاشی کی علمی سرگرمیوں کا مقصد اور مستقبل میں ہندوستان کی تاریخ مرتب کرنے والے مورخ کے

لئے درکار علمی مواد کا منبع ہو گا جہاں ہندوستان کی تاریخ سے متعلق ہر تحریر شدہ علمی مواد چاہے اس کا تعلق کسی دور سے ہو، دیکھا جا سکے گا"

آزادی سے قبل یہ کتب خانہ مٹکاف ہاؤس میں قائم تھا، آزاد ہندوستان سے پہلے ہندوستانی گورنر بنگال شری راج گوپال آچاریہ نے اسے بیلویڈیر [Belvedere] کے مقام پر وائس رائے کے سابق محل میں منتقل کر دیا۔ یہ عمارت ۵۶ ہزار مربع فٹ سے زیادہ کے رقبہ میں پھیلی ہے اور اس سے ملحق عمارت کا رقبہ تقریباً ۸۰ ہزار مربع فٹ ہے۔ کتب خانہ کے سب سے پہلے لائبریرین برٹش میوزیم کے سابق لائبریرین جان میکفرلین [John Macfarlane] تھے۔ ۱۹۳۰ء سے آئندہ سترہ برس تک کتب خانہ کی عنان خان بہادر ایم اسد اللہ کے ہاتھ میں رہی۔ اسد اللہ انڈین لائبریری ایسوسی ایشن کے بانیوں میں شمار کئے جاتے ہیں۔ پدم شری ہی ایس کیساون کا دور قومی کتب خانہ کی توسیع کا سنہرا دور تھا۔

قومی کتب خانہ میں کتابوں اور رسائل کی مجموعی تعداد ۲۰ لاکھ کے قریب ہے، سالانہ اضافہ کا اوسط ۴۰۰۰ ہے۔ کتب خانہ میں تقریباً ساڑھے بارہ ہزار رسائل منگوائے جاتے ہیں۔ یہاں ہندوستانی زبانوں میں کتابوں کی تعداد تقریباً ۳ لاکھ ہے۔ کتب خانہ میں ۶۰۰ نقشہ جات اور ۳۰۰۰ مخطوطات ہیں۔

یہاں قانون کے تحت کتب خانہ کو ملک میں شائع ہونے والی ہر کتاب کا ایک نسخہ ملتا ہے، ایک مہم کے ذریعہ اس کے دائرہ میں اخبارات و رسائل کے پہلے شمارے بھی آتے ہیں۔ اس کتب خانہ میں ملک کے چند ذاتی کتب خانے محفوظ کرادئے گئے ہیں۔

کتب خانہ سعد عبدالرحیم

کتب خانہ سر اشوتوش مکھرجی

کتب خانہ جادوناتھ سرکار

کتب خانہ سریندر ناتھ سین

کتب بہادر سیبرو

۱۹۷۳ء میں کتب خانہ کے جملہ کاموں کا جائزہ لینے کی غرض سے مرکزی حکومت نے ایک کمیٹی مقرر کی تھی۔ کمیٹی نے کتب خانہ کے مقاصد کو درج ذیل الفاظ میں بیان کیا ہے:

۱: ملک میں شائع ہونے والے جملہ علمی تعاون کی فراہمی اور ان کا تحفظ۔

۲: ملک کے بارے میں دنیا کے کسی بھی حصہ اور زبان میں شائع کرانا یا اس کی نقل حاصل کرنا۔

۳: قومی نقط نظر سے اہم مخطوطات کو حاصل کرتا اور انھیں محفوظ کرنا۔

۴: ہندوستان کے باہر شائع ہونے والے ایسے علمی مواد کو جن کی ملک میں ضرورت ہونے کا امکان ہے، ایک منصوبہ کے تحت حاصل کرنا۔

۵: زمانہ ماضی یا حال میں شائع ہونے والے علمی مواد کی کتابیات سازی اور فراہمی حوالہ کی خدمت انجام دینا۔

۶: کتابیاتی معلومات کے جملہ ماخذ کا صحیح علم رکھنا اور قارئین کو اس بارے میں معلومات فراہم کرانے کے لئے حوالہ جاتی مرکز کا رول ادا کرنا۔

۷: عکسی نقول فراہم کرنا۔

۸: متبادلہ کتب اور مستعار کتب خدمت میں دینے کے لئے بین الاقوامی سطح پر ایک مرکز کا رول ادا کرنا۔

کتب خانہ کے انتظام کے لئے مرکزی حکومت نے ایک اعلی سطح کی مجلس انتظامیہ

تشکیل کی ہے جو کہ ماہرین تعلیم، سائنس داں اور ماہرین علم کتب خانہ داری پر مشتمل ہے۔ کتب خانہ کا افسر اعلی ایک ڈائرکٹر ہے جس کا عہدہ یونیورسٹی کے وائس چانسلر کے مساوی ہے۔ کتب خانہ کا مصنف وار کٹیلاگ شائع ہو چکا ہے۔ اس کے علاوہ درج ذیل حوالہ جاتی مواد بھی شائع ہوئے ہیں۔

بہار لائبریری کیٹلاگ جلد اول (فارسی مخطوطات)

بہار لائبریری کیٹلاگ جلد اول (عربی مخطوطات)

ببلو گرافی آف انڈولاجی

ماخوذ از مقالہ:

اردو کتب خانے، مسائل اور ان کا حل

پی۔ ایچ۔ ڈی مقالہ از: احمد الدین (گائڈ: ڈاکٹر مصباح الاسلام، صدر شعبۂ اردو)

کرائسٹ چرچ کالج، کانپور۔ (شعبہ اردو، ۲۰۰۸)

(۵) برٹش میوزیم لائبریری

مسعود حسین

معروف ادبی رسالہ "افکار" (مدیر: صہبا لکھنوی) نے اپنا ۱۳۳ واں شمارہ (اپریل-۱۹۸۱) بطور خاص نمبر "برطانیہ میں اردو - ایڈیشن" کے زیر عنوان شائع کیا تھا، جس میں برطانیہ میں اردو کے حوالے سے لسانیات، تحقیق و تنقید، کتب خانے و مخطوطات جیسے موضوعات شامل تھے۔ تقریباً ۶۰۰ صفحات پر مشتمل یہ شمارہ پی۔ڈی۔ ایف فائل کی شکل میں پیش کیا جا چکا ہے۔ اسی خاص شمارے کا ایک اہم مضمون "برٹش میوزیم لائبریری" ذیل میں پیش کیا جا رہا ہے۔

برٹش میوزیم لائبریری، جس میں پچاس لاکھ سے بھی زیادہ کتابیں ہیں، دنیا کے چار بڑے کتب خانوں میں شمار کی جاتی ہے۔ برٹش میوزیم، قدیم قومی نوادر اور قومی کتب خانے کے مجموعہ کا نام ہے۔ آج کل 'لائبریری' چار صیغوں میں منقسم ہے۔ طبع شدہ کتب، قلمی نسخے، مشرقی طبع شدہ کتب اور قلمی نسخے، اور فنون لطیفہ و نقش و نگار۔

عام طور سے طبع شدہ کتب ہی کو 'لائبریری' کہا جاتا ہے۔ گویہ دنیا کے چار سب سے بڑے کتب خانوں میں سے ایک ہے، لیکن مختلف زبانوں کی کتابوں کی کثرت اور کتب بیں اشخاص کے ساتھ وہاں کے ملازمین کے پر خلوص رویہ کی وجہ سے اس کی پرانی شہرت، جس نے کہ اس کو اولیت کا مرتبہ بخشا اور جس کی کہ وہ مستحق تھی، اب تک قائم ہے۔

بقیہ تین بڑے کتب خانے یہ ہیں: پیرس کی ببلیوتھیک نیشنل [Bibliotheque

[Nationale de France]، واشنگٹن کی 'کانگریس لائبریری' اور ماسکو کی 'لینن لائبریری'۔

اگر کتابوں کی سب الماریوں کو ایک قطار میں رکھا جائے تو وہ اٹھاسی میل تک پہنچ سکتی ہیں۔ زمانہ امن میں ان کا اضافہ ایک میل سالانہ تھا۔ کتابوں کی تعداد پچاس لاکھ سے بھی زیادہ ہے۔ لیکن سب بلومبری میں برٹش میوزیم ہی کے اندر نہیں رکھی ہوئی ہیں۔ کیونکہ ۱۹۰۶ء سے اخبارات لندن کی شمال- مغربی سمت کے مضافات میں ہینڈن کے ہوائی مستقر سے متصل ایک علیحدہ عمارت میں رکھ دئے گئے ہیں۔

کتابیں حاصل کرنے کا قانونی طریقہ

ان کتابوں کے وسیع ذخیرہ کا ایک بڑا حصہ گزشتہ صدی کے دوران میں حق تصنیف و تالیف کے قوانین کے ماتحت حاصل کیا گیا ہے۔ اس سلسلے مین پہلا قانون ۱۹۴۲ء میں نافذ کیا گیا تھا۔ اور سب سے آخری علاوہ ایک یا دو تفصیلی ترمیمات کے، ۱۹۴۱ء میں۔ پارلیمنٹ کے ان قوانین کی رو سے برطانیہ عظمی کی ہر طبع شدہ کتاب کے ناشر کے لئے ضروری تھا کہ وہ اس کی ایک جلد میوزیم کو پیش کرے۔ ذاتی طور پر چھپوائی ہوئی کتابیں اس قانون سے مستثنیٰ ہیں اور وہ یا تو تحفہ کے طور پر یا خرید کر حاصل کی جاتی ہیں۔

بسا اوقات س امر پر زور دیا گیا ہے کہ غیر ضروری اور بے کار کتابوں کے انبار کو رکھنے سے ملازمین کے وقت اور کمروں کو برباد کرنا ہے۔ لیکن اس بات کا فیصلہ کرنا کہ کون سی کتابیں غیر ضروری اور بے کار ہیں، ناممکن ہے، اور یہ طے کرنا کہ ایک صدی کے بعد ان کتابوں کے متعلق کیا خیال ہو گا؟ اور بھی ناممکن ہے۔ انتخاب کا کوئی بھی طریقہ اختیار کیا جائے کتابوں کا اخراج ضروری ہے اور اس طرح سے بہت سی کتابوں کا وجود ختم ہو

جائے گا جو اخلاف کے نزدیک نہایت اہم اور ناگزیر ہوں گی۔ کسی انتخاب کرنے والے نے بلیک رمباڈ، بوہیم، اور بہت سے دیگر مصنفین کی تصنیفات کو منتخب کر کے حفاظت سے رکھا ہوگا؟ لیکن جو در حقیقت بے کار ہے وہ بھی مجموعی حیثیت سے اگلے مورخین کے لئے بہت زیادہ قابل قدر ہے کیونکہ اس سے اس زمانے کے عام خیالات اور مذاق کی رفتار پر روشنی پڑتی ہے۔ "آج کی مٹی کل کا سونا ہے"۔

بیرونی ممالک کی کتابیں

بیرونی ممالک کی کتابیں اور حق تصنیف و تالیف کے قوانین سے پہلے کی برطانوی کتابیں ہمیشہ خرید کر یا تحفہ کے طور پر حاصل کی گئی ہیں اور کی جاتی ہیں۔ میوزیم، کا مستقل سرمایہ معمولی ہے اور منتظمین کو اپنے تمام اخراجات کے لئے پارلیمنٹ کی سالانہ امداد پر بھروسہ کرنا پڑتا ہے اور اہم مواقع پر خاص امداد کا جیسے کہ ۱۹۳۳ء میں انجیل مقدس کے دو سب سے قدیم قلمی نسخوں سے ایک کوڈکس سینئے، ٹیکس کی خریداری پر دی گئی تھی۔ لائبریری کی پوری تاریخ کے دوران میں نہ صرف اہمیت کے لحاظ سے ہر درجہ کی لاتعداد مختلف جلدیں، حقیقی قدر و قیمت سے لے کر وقتی قدر و قیمت تک کی، حاصل کی گئی ہیں بلکہ نادر ذخیرے سے بھی ہیں۔ جو معطیان کے ناموں کے ساتھ ایک ہی جگہ رکھے گئے ہیں۔ مثال کے طور پر طبع شدہ کتب میں حسب ذیل ذخیرے شامل ہیں:

دی کنگس (شاہ جارج سویم کی کتابوں کا ذخیرہ جو ۱۸۲۳ء میں شاہ جارج چہارم نے عنایت کیا)

دی گرین ول (مسٹر ٹامس گرین ول کی کتابوں کا ذخیرہ جو ۱۸۴۷ء میں ان کی وصیت کے مطابق حاصل ہوا)

اور

دی ہتھ (پچاس غیر معمولی طور پر نادر اور قیمتی جلدیں جو ۱۹۰۱ء میں مسٹر اے۔ ایچ ہتھ نے اپنی مرضی سے میوزیم کے لئے چھوڑیں۔)

لائبریری کے ذیلی شعبے ونقشہ جات، اور 'تحریر نغمہ' کے ہیں۔ دوسرے شعبہ میں شاہ جارج پنجم ک عاریتاً دیا ہوا شاہی ذخیرہ رکھا ہوا ہے۔ یہ ہینڈل کی ان قلمی تحریرات نغمہ کی وجہ سے بہت گراں بہا ہے جو اس نے شاہ جارج سویم اور اس کی ملکہ کے لئے تصنیف کئے تھے۔ فن طباعت کے ابتدائی زمانے کی کتابیں (۱۵۰۰ء سے پہلے کی چھپی ہوئی) جن کی تعداد تقریباً دس ہزار ہے (یعنی میونخ کی، اسٹیٹ لائبری سے کچھ ہی کم، اگر در حقیقت وہ نقصان سے بچ گئی ہے) رابرٹ پراکٹر کے بنائے ہوئے اصولوں کے مطابق لائبریری میں ان شہروں اور مطبعوں کے ناموں کے ساتھ جہاں پر وہ شائع ہوئی ہیں ایک ہی جگہ رکھی ہوئی ہیں۔

لائبریری کے ابتدائی زمانے میں طبع شدہ حصہ قلمی نسخوں کے مقابلے میں بہت کم حیثیت کا خیال کیا جاتا تھا۔ ۱۸۲۳ء میں بادشاہ کا کتب خانہ ملنے سے لائبریری، کی کتابوں کی تعداد میں پچاس فی صد کا اضافہ ہو گیا۔ اور اس کی حقیقی قدر وقیمت اس سے بھی کہیں زیادہ ہو گئی۔ کیونکہ شاہ جارج سویم نے اپنے کتب خانہ کو قاعدے میں ترتیب دیا تھا اور اس کا مہتمم کتب خانہ ڈاکٹر جانسن سے مشورہ لیا کرتا تھا۔ اس زمانے میں میوزیم کا ذخیرہ نہایت بے ترتیبی کے ساتھ جمع کیا گیا تھا۔ چند سال بعد ایک اطالوی سیاسی پناہ گزین کے عملے میں شامل ہونے سے میوزیم کو اس سے بھی بڑا ایک اور ذخیرہ حاصل ہوا۔

انٹینیو پینیزی[Sir Antonio Genesio Maria Panizzi]

یہ اطالوی انٹینیو پنیزی تھا۔

یہ دور وہ تھا جب انسانیت نے اپنے خیمے گاڑ دیئے تھے اور ترقی کی جانب گامزن تھی۔ انیٹینیو پنیزی کی دوررس نگاہوں نے مستقبل کی دنیا کو دیکھ لیا تھا اور وہ اس پرانے خیالات کے ادارے میں بھی ایک عظیم انقلاب پیدا کرنا چاہتا تھا۔ وہ پوری طاقت کے ساتھ جمود پیدا کرنے والی قوتوں کے خلاف نبرد آزما ہوا اور جب وہ مہتمم اعلیٰ کے عہدے سے سبک دوش ہوا تو میوزیم کو دنیا کے کتب خانوں کے لئے ایک قابل تقلید نمونہ بنادیا تھا۔ اس نے ۱۸۳۶ء میں پارلیمنٹری کمیٹی کے سامنے اپنا نصب العین ان الفاظ میں بیان کیا تھا۔۔۔

"میں چاہتا ہوں کہ ایک غریب طالب علم کو اپنی علمی تشنگی بجھانے کے لئے وہی ذرائع حاصل ہوں، اسی طرح اپنے ادبی مشاغل جاری رکھ سکے، اسی طرح مستند اسناد سے مدد لے سکے، اور دقیق نکات کو حل کرسکے۔ جس طرح کہ ملک کا سب سے دولت مند آدمی کر سکتا ہے۔"

اس مقصد کی تکمیل کے لئے انیٹینیو پنیزی نے میوزیم کی ضرورتوں پر غائرانہ نظر ڈالنے کے بعد کتابوں کی خریداری کے لئے حکومت سے معقول امداد حاصل کی، لیکن اس لائبریری سے صحیح طور پر فائدہ اٹھانا تھا تو ضرورت اس امر کی تھی کہ کتابوں کو مناسب جگہ پر رکھا جائے، معقول ترتیب دی جائے۔ اور ان کی فہرست تیار کی جائے۔ ضرورت اس بات کی بھی تھی کہ عمارت کو کشادہ کیا جائے تاکہ ایک ہی وقت میں زیادہ سے زیادہ تعداد میں لوگ مطالعہ کر سکیں۔

پنیزی پہلا تھا جس نے کہ ان صریح حقائق کو دیکھا، اس نے کتب خانے کی عمارت کا

ایک نئی قسم کا نقشہ بنایا۔ ایک بڑا گنبد دار مطالعہ کا کمرہ جس کے اندر سب طرف لاکھوں کتابیں رکھنے کے لئے الماریاں لگی ہوں۔ یہ میوزیم زیادہ سے زیادہ گنجائش نکالنے کے فن عمارت کے ان اصولوں پر بنایا گیا تھا جو اس زمانے میں ۱۸۵۱ء کی عظیم الشان نمائش کے لئے بنوائے ہوئے 'کرسٹل پیلس' کی وجہ سے بہت زیادہ مقبول ہو رہے تھے۔

دارالمطالعہ جس میں کہ ایک ہی وقت میں تقریباً ۴۵۰ آدمی بیٹھ سکتے ہیں، ۱۸۵۷ء میں کھولا گیا۔ یہ اب تک استعمال میں ہے اور جتنا کہ مشہور ہے اتنا ہی مفید بھی ہے۔ "فولادی لائبریری" (جیسا کہ عام طور سے کتابوں کی الماریوں کو کہا جاتا ہے) کو بدل کر ایک نئی طرز کی اور زمانہ حال کے مطابق عمارت تعمیر کی گئی ہے۔پنیزی نے یہ بھی محسوس کیا کہ کتابوں کے اس عظیم الشان ڈھیر کی سائنٹفک اصولوں پر ایک مناسب فہرست تیار کی جائے اور اس قسم کی پہلی فہرست اسی کی کوششوں کی رہین منت ہے۔

عالموں کا اجتماع

یہ دارالمطالعہ ۱۹۳۵ء تا ۱۹۴۵ء کی جنگ میں دشمن کے ہوائی حملے سے صدمہ پہنچنے کی وجہ سے مرمت کرنے کے بعد ۳/ جون ۱۹۴۶ء کو دوبارہ کھولا گیا ہے۔ دنیا کے بین الاقوامی مقامات اجتماع میں سے ہے جہاں پر ہر ملک کے عالم و فاضل نظر آتے ہیں۔ داخلے کی اجازت نامے (جس کی ہر چھ مہینے بعد تجدید کرانی پڑتی ہے) کے لئے اس کے علاوہ کسی شرط کی ضرورت نہیں ہے کہ عمر اکیس سال کی ہو۔ ایک قابل یقین وجہ کا اظہار کہ اس کو صرف اسی کتب خانے کی ضرورت ہے نہ کہ دیگر کتب خانوں کی جن میں کہ اب آسانی سے داخلہ مل سکتا ہے، اور کسی معزز اور ذمہ دار شخص کا ایک خط جس میں درخواست کنندگان کے اچھے چال چلن کی تصدیق کی گئی ہو۔ ان شرائط سے صرف

کتابوں کی حفاظت مد نظر ہے۔ دارالمطالعہ کو اس شہرت کی سزا یہ ملی ہے کہ بہت سے اشخاص بغیر کسی ضرورت اور اہلیت کے اس کو استعمال کرنے کے لئے درخواست کرتے ہیں۔ ناظم کتب خانہ ایسے لوگوں کو بہت مسرت کے ساتھ مناسب مشورہ دیتا ہے۔

اگر نقش و نگار اور فنون لطیفہ کے شعبوں میں ان کی پرانے زمانے کی انگریزی آب رنگ تصاویر، سادی تصاویر اور نیم رنگ تصاویر کے عدیم المثال ذخیرہ اور فرانس، ہالینڈ، جرمنی، اطالیہ اور دیگر بیرونی دبستانوں کے شان دار ذخائر کی خوبیوں اور دلچسپیوں کا مناسب تذکرہ کیا جائے تو ایک ضخیم کتاب درکار ہوگی۔ یہی حال مشرقی کتب خانے کا ہے جس میں عہد عتیق کے عبرانی اور شامی نوشتے اور اس سے بھی زیادہ پرانی چینی اور وسطی ایشیائی تحریرات جو ٹن ہاگن میں سر آریل اسٹین کو ملے تھے اور خوبصورت ایرانی اور عربی نقش و نگار موجود ہیں۔

میوزیم کا مایۂ فخر

مغربی قلمی نسخوں کا ذخیرہ مع یونانی نمونہ ہائے سنگ تراشی، میوزیم کا مایۂ فخر تصور کیا جاتا ہے۔ یونانی نمونہ ہائے سنگ تراشی کو چھوڑتے ہوئے لائبریری، اور میوزیم کی تخلیق کا اصلی سبب یہی مغربی نسخوں کا ذخیرہ ہے۔

انگلستان میں ۱۳۳۵ھ سے ۱۵۴۰ء کے زمانے کی تحریک تجدید مسیحیت کے دوران میں ضبط شدہ خانقاہوں کے کتب خانوں کو ختم کر دیا گیا تھا۔ اور ان کی زیادہ تعداد بالکل برباد کر دی گئی تھی۔ صرف گنتی کے اشخاص نے جو کچھ کہ بچ رہا تھا اس کی قدر و قیمت بحیثیت قوم اور مذہب کی یادگار کے محسوس کی اور جو کچھ ان کو مل سکا جمع کر لیا۔ ان میں سے ایک شخص سر رابرٹ کاٹن کا جمع کیا ہوا ذخیرہ ۱۷۰۷ء میں حکومت کو مل گیا۔ اس کو

۱۷۳۱ء میں آگ سے سخت نقصان پہنچا اور یہ ظاہر ہے کہ یہی قومی کتب خانے کی بنا ثابت ہوا۔

۱۷۵۳ء میں ایک بہت زیادہ کتابیں جمع کرنے والے سر ہنیس سلون نے جس کو خصوصاً پچھلی دو صدی کے اکتشافاتِ سائنس میں بہت زیادہ دلچسپی تھی اپنے ذخائر کو، جس میں ایک عام بڑا کتب خانہ بھی شامل تھا، بہت کم قیمت پر حکومت کو پیش کر دیا۔ بعد ازاں تمام مشکلات پر قابو پالیا گیا اور ایک سرمایہ فراہم کر کے مانٹیگ ہاؤس تعمیر کیا گیا۔

پارلیمنٹ کے فاؤنڈیشن ایکٹ کے ماتحت ابتدائی سرمائے میں سے کاٹن اور سلون کے کتب خانوں میں ایک بڑے کتب خانہ کا جو کاٹن کے اصولوں پر آکسفورڈ کے پہلے لارڈ رابرٹ ہارلے نے جمع کیا تھا، اضافہ کیا گیا۔ ان میں شاہ جارج دوئم نے (جو گوٹنجن یونیورسٹی اور اس کے مشہور کتب خانے کا بھی بانی تھا)، اپنے کتب خانہ کے عطیہ سے جو قرون وسطی تک کے انگلستان کے فرماں رواؤں کے قلمی نسخون کے لئے خاص طور پر مشہور تھا، اور اضافہ کیا۔

(٦) آصفیہ اسٹیٹ سنٹرل لائیبریری

سیاست نیوز و سہارا نیوز بیورو

حضور نظام نواب میر عثمان علی بہادر کا شمار ان حکمرانوں میں ہوتا ہے جو ہمیشہ اپنی رعایا کی بھلائی کی بہبود و ترقی کا خیال رکھا کرتے تھے۔ لیکن افسوس کہ مفاد پرست اور شر پسند عناصر حضور نظام کے بارے میں اپنی گندی زبانوں سے بے ہودہ الفاظ ادا کرتے ہیں ۔ان کم ظرفوں کو یہ نہیں معلوم کہ آصف جاہ سابع نواب میر عثمان خان بہادر نے بلحاظ مذہب و ملت عوام کی بہبود کو اولین ترجیح دی۔ ریاست کے تمام بڑے آبپاشی پراجکٹس آصف جاہی حکمرانوں کی دین ہے۔ اسی طرح آر ٹی سی، ریلویز سڑکیں، بجلی وغیرہ بھی آصف جاہی حکمرانوں کے کارنامہ ہیں۔ افسوس کے مسلمانوں کی خاموشی کے نتیجہ میں تمام تاریخی عمارتوں کی شناخت مٹائی جارہی ہے۔

عمومی طور سے ایسا لگتا ہے کہ حیدرآباد کے شہریوں میں اپنی شناخت کے تحفظ کا جذبہ ہی باقی نہیں رہا وہ ہر ناانصافی کو مسکرا کر سہہ لیتے ہیں۔ جہاں تک آصفیہ اسٹیٹ سنٹرل لائبریری کا سوال ہے حضور نظام نواب عثمان علی خان بہادر نے اس لائبریری میں سنسکرت، تلگو، مرہٹی، کنڑی، اور ہندی کی قیمتی کتابیں رکھنے کا حکم دیا تاکہ اسکالرس کو مدد مل سکے۔ اب عوام کی ذمہ داری ہے کہ کتب خانہ آصفیہ کی شناخت کو مٹانے کو کوششوں کو روکے۔ ریلنگ کی اونچائی کم ہونے کے بہانے ریلنگ تبدیل کی جارہی ہے۔ اگر اتنا ہی کرنا تھا تو پھر نیچے سے دیوار اٹھا کر قدیم ریلنگ کے پاس دیوار نصب کی جاسکتی

ہے۔ سلطنت آصف جاہی کے خاتمہ کے ساتھ ہی ایک منصوبہ بند سازش کے تحت مسلم حکمرانوں کے دور میں تعمیر کردہ تاریخی عمارتوں مقامات کی شناخت بدلنے کا ایک لامتناہی سلسلہ شروع کیا گیا ہے۔ سب سے پہلے دنیا کی پہلی اردو یونیورسٹی "عثمانیہ یونیورسٹی" کی شناخت مٹانے کی ناپاک کوشش کرتے ہوئے اردو ذریعہ تعلیم کا ختم کیا گیا۔ متعصب عناصر نے یونیورسٹی کے اس Emblem کی شکل بدل ڈالی جس پر عربی کلمہ اور حضور نظام کا تاج کنند کیا گیا تھا۔

اسی طرح آندھرا پردیش ہائی کورٹ سے لے کر باغ عامہ اسمبلی سے لے کر سکریٹریٹ ہر مقام کی شناخت کو مٹانے کی کوشش کی گئیں اور مسلمان بڑی بے بسی سے دیکھتے رہے حالانکہ وہ اچھی طرح جانتے ہیں کہ قوموں کے نام و نشان کو مٹانے سے قبل اس کے تاریخی آثار کو تباہ کیا جاتا ہے۔

شہر کی ایک ایسی تاریخی عمارت اور ریاست کے سب سے بڑے کتب خانہ یعنی آصفیہ اسٹیٹ سنٹرل لائبریری کے بارے میں بھی یہ علم ہوا ہے کہ آج اس تاریخی عمارت کی بھی شناخت مٹائی جارہی ہے۔

یہ کتب خانہ آصفیہ فروری ۱۸۹۱ء میں مولوی سید حسین بلگرامی نواب عماد الملک کی کوششوں سے شروع کیا گیا تھا لیکن ۱۹۳۶ء میں آصفیہ اٹیٹ سنٹرل لائبریری کی موجودہ عمارت کی ۳ لاکھ روپیے کی لاگت سے تعمیر مکمل ہوئی تھی اور اس کا افتتاح آصف جاہ سابع نواب میر عثمان علی خان بہادر نے بہ نفس نفیس انجام دیا۔

اس موقع پر حضور نظام نے فرمایا تھا کہ یہ کتب خانہ ملک کے دوسرے کتب خانوں سے کسی طرح کم نہیں۔ یہاں اپنی ممتاز نوعیت و خصوصیت کی حامل کتب کا قیمتی ذخیرہ موجود ہے۔ لیکن افسوس کے آج اس کتب خانہ کہ ہئیت و شناخت کو بدلنے کی کوشش کی

جاری رہی ہے۔ سابقہ دور میں اس کتب خانہ کو سارے ملک بلکہ بر صغیر ایشیا میں کافی اہمیت حاصل تھی۔ اس تعمیر کے موقع کے پر جو ریلنگ نصب کی گئی تھیں اس میں آصف جاہ سابع کے آصف جاہی کا اور سلطنت کا مونو گرام دکھایا گیا تھا۔ کتب خانے کی ریلنگ میں ۶۰ مقامات پر اس طرح کے مونو گرام نصب کئے گئے تھے۔

لیکن اب ریلنگ نکالنے کے بہانے ان مونو گراموں کو تباہ کیا جارہا ہے تاکہ اس تاریخی عمارت پر حضور نظام یا سلطنت آصف جاہی کی کوئی نشانی باقی نہ رہے۔ حد تو یہ ہے کہ آصفیہ اسٹیٹ لائبریری میں تعمیر کے وقت کسی مندر کا وجود نہیں تھا لیکن آج وہاں دو مندروں کو دیکھا جاسکتا ہے۔

شہر کے بزرگوں کا کہنا ہے کہ مسلمانوں کی خاموشی کے نتیجہ میں متعصب عہدہ دار اور شر پسند افراد اس طرح کی حرکتیں کر رہے ہیں۔ ایک بزرگ شہری کے خیال میں حکومت کو چاہیے کہ آصفیہ اسٹیٹ سنٹرل لائبریری کی ریلنگ کو دوبارہ نصب کر دیا جائے اور جو بیڑ سے تیار کردہ مونو گرام نکالے گئے ہیں ان کی دوبارہ تنصیب عمل میں لائی جائے۔ متعصب عہدیداروں اور سیاستدانوں کے باعث ہی آندھرا پردیش میں اعلیٰ سطح پر اردو ذریعہ تعلیم کا خاتمہ ہوا۔

جبکہ ایم بی بی ایس کے پہلے بیچ نے اردو میڈیم سے ہی اس کورس کی تکمیل کی تھی۔ اسی طرح قانون کی تعلیم بھی اردو میں ہوا کرتی تھی۔ ۱۹۶۸ء تک بھی یہ سلسلہ جاری رہا۔

واضح رہے کہ کتب خانہ آصفیہ سلطنت حیدرآباد کا واحد علمی مرکز و خزانہ تھا جہاں نادر نایاب کتب رکھی گئیں تھیں۔ بیرون ملک سے بھی ریسرچ اسکالرس یہاں آکر کتابوں سے استفادہ کیا کرتے تھے۔ دو منزلہ اس عمارت کو شہریوں پر حضور نظام نواب میر عثمان علی خان بہادر کا احسان سمجھا جانا چاہیے۔ اس کا ہر گوشہ مسلم طرز کا تعمیر بہترین

نمونہ ہے۔ سیڑھیاں اندرونی حصہ کے دوانتہائی پرکشش بلند وبالا ہال، کھڑکیاں اور ان پر لگائے گئے رنگین شیشے اور جالیاں دیکھ کر ماہرین تعمیرات بھی حیرت میں پڑ جاتے ہیں۔

اس عمارت کی خاص بات یہ ہے کہ اس کا بیرونی مرکزی حصہ، نصف دائرہ نما ہے۔ بعض مورخین اور بزرگ شہریوں کا کہنا ہے کہ اس عمارت کا آرکیٹکچر کتاب کے نمونے پر تخلیق کیا گیا ہے۔

۱۹۵۶ تک اس کا نام کتب خانہ آصفیہ ہی رہا لیکن بعد میں "آصفیہ اسٹیٹ سنٹرل لائبریری" سے موسوم کیا گیا اور پھر تعصب و شر انگیزی کی بدترین مثال قائم کرتے ہوئے اسے "اسٹیٹ سنٹرل لائبریری" کہا جانے لگا۔ اس کتب خانہ میں عربی، تلگو، انگریزی، ہندی وغیرہ کی ۵ لاکھ سے زائد کتب ہیں جب کہ یہاں بچوں کے لیے اور طلبہ کے لیے بھی درسی کتابوں کا علحدہ سیکشن رکھا گیا ہے۔

بشکریہ: سیاست نیوز (۱۸/ فروری ۲۰۱۳ء)

کتب خانہ آصفیہ - اردو عربی فارسی کے نادر و نایاب نسخ

کتب خانہ آصفیہ کا قیام ۱۸۹۱ء میں تشگان علم کو سیراب کرنے کے لئے عمل میں آیا۔ جس کا بنیادی مقصد شہر حیدرآباد کو علم وادب کا گہوارہ بنانا تھا۔ اس تاریخی کتب خانہ میں عربی، فارسی اور اردو کی انمول کتابیں دنیا بھر سے جمع کی گئی تھیں۔ تاہم وقت کی گردش اور حکومتوں کے معاندانہ رویہ کے باعث حالیہ عرصہ تک بھی سنٹرل لائبریری کا اردو سیکشن اپنی خستہ حالی کی منہ بولتی تصویر بنا ہوا تھا۔ تاہم کچھ عرصہ پہلے اس مسئلہ پر خصوصی توجہ دیتے ہوئے اردو سیکشن میں اصلاحات کا عمل شروع ہوا جس کے تحت سب سے پہلے اس عمارت کی بوسیدہ دیواروں کی تعمیر نو کی گئی اور رنگ وروغن کے بعد کتابوں

کی ترتیب ان کی حفاظت اور قارئین کو اپنی مطلوبہ کتابوں کو بہ آسانی دستیابی کے اقدامات کیے گئے جس سے اردو قائدین کو کافی راحت ملی۔ عام طور پر اردو زبان کے ساتھ متعصبانہ رویہ اور سوتیلا سلوک روا رکھے جانے کی خبریں اردو حلقوں میں گشت کرتی رہتی ہیں اور اردو کے مستقبل سے متعلق خدمات ظاہر کئے جاتے ہیں تاہم قارئین راشٹر یہ سہارا کو یہ جان کر حیرت ہوگی کہ اردو کی کئی نایاب کتابوں کا ایک ذخیرہ سنٹرل لائبریری کی زینت بنا ہوا ہے جن میں تفسیر القرآن کے کئی نادر نسخے، سیرت کی کتابیں، ادبی، تاریخی، ناولس، تعلیمی اور صحافت سے متعلق کتابیں بھی شامل ہیں۔ محمد شجاع الدین انچارج سنٹرل لائبریری کے اردو سیکشن نے نمائندہ روزنامہ راشٹر یہ سہارا سے ایک خصوصی ملاقات کے دوران کہا کہ لائبریری میں انٹر میڈیٹ، بی اے، ایم اے، بی ایڈ، یہاں تک کہ پی ایچ ڈی کا نصابی مواد بھی دستیاب ہے۔ انہوں نے بتایا کہ یہاں آن ڈیمانڈ (On Demand) کتابیں منگوانے کی بھی سہولت موجود ہے۔ اس کے علاوہ اگر کوئی قاری مکمل کتاب کے بجائے کوئی خاص مضمون کا خواہشمند ہو تو اس کے لئے مذکورہ مضمون کی زیر اکس کاپی بھی حاصل کر سکتا ہے۔ اگر قارئین کی کوئی مطلوبہ کتاب لائبریری میں دستیاب نہیں ہے تو قارئین کے لئے لائبریری میں ایک Suggestion box نصب کیا گیا ہے قارئین اپنی مطلوبہ کتاب کا نام اور مصنف کا نام تجاویز باکس میں ڈالیں۔ کچھ ہی دنوں میں وہ کتاب ان کی خدمت میں پیش ہو جائے گی۔ لائبریری میں مطالعہ میں مصروف ایک قاری سے لائبریری سے متعلق استفسار پر انہوں نے بتایا کہ اس لائبریری میں ہر طرح کی سہولتیں موجود ہیں۔ خواتین اور مرد حضرات کے لئے علیحدہ نشستیں، قارئین کے لئے ٹھنڈے پانی اور نماز پڑھنے کی سہولت بھی فراہم کی گئی ہے۔ انہوں نے لائبریری کی ایک خاص خوبی کی طرف اشارہ کرتے ہوئے کہا کہ اس لائبریری میں جو

نصابی کتابیں موجود ہیں وہ ریاست کی کسی بھی لائبریری میں طلباء کو دستیاب نہیں ہیں۔ اس کے علاوہ لائبریری کو سربراہ کی جانے والی نصابی کتابیں اعلی اور معیاری طباعت سے آراستہ ہیں جب کہ بازار میں ملنے والی نصاب کی جدید کتابیں اس معیار کی نہیں ہیں۔ انہوں نے اس بات پر افسوس کا اظہار کرتے ہوئے کہا کہ اتنی ساری سہولتیں ہونے کے باوجود اردو داں طبقہ ان سہولتوں سے خاطر خواہ استفادہ نہیں کررہا ہے۔ انہوں نے نمائندہ راشٹریہ سہارا کے توسط سے لائبریری کے ذمہ داران سے مطالبہ کیا کہ وہ فی الفور لائبریری میں سی سی ٹی وی کیمروں کی تنصیب عمل میں لائے تاکہ لائبریری سے بیش قیمت کتابوں کے سرقہ کی وارداتوں کی مکمل تدارک ہوسکے۔ آخر میں انہوں نے طلبہ سے خواہش کی کہ وہ نصابی کتابوں کے مطالبہ کے لئے لائبریری سے مکمل طور پر استفادہ کرتے ہوئے اپنے مستقبل کو درخشاں بنائیں۔

بشکریہ: سہارا نیوز بیورو / محمد صہیب غزالی (۱۳/ جولائی ۲۰۱۴ء)

اسٹیٹ آصفیہ لائبریری پر تلنگانہ ریاستی حکومت کی عدم توجہ

اسٹیٹ سنٹرل لائبریری (قدیم آصفیہ لائبریری) واقع افضل گنج کا رکن قانون ساز کونسل محمود علی نے آج تقریباً دو گھنٹے تک تفصیلی دورہ کرتے ہوئے لائبریری میں موجود تمام سیکشنس بشمول اردو کتب سیکشن کا تفصیلی طور پر جائزہ لیا۔ انہوں نے لائبریری میں موجود طلباء و طالبات سے بھی ملاقات کی اور لائبریری سے متعلق تفصیلات معلوم کیں چنانچہ بیشتر طلبہ نے لائبریری میں انہیں عدم سہولتوں سے واقف کروایا۔ بعد ازاں محمود علی نے ڈائرکٹر کے چیمبر میں پہنچ کر ڈائرکٹر سے ملاقات کرنے کی خواہش ظاہر کی لیکن ڈائرکٹر کی عدم موجودگی میں انہوں نے اسسٹنٹ ڈائرکٹر سے

ملاقات کرتے ہوئے ۲۰۱۳ کے ضمن میں اسٹیٹ لیول بک سلیکشن کمیٹی کی میٹنگ جو ۶/ دسمبر ۲۰۱۲ کو قدیم لائبریری میں پدم شری ڈاکٹر ترلا پتی کمبا راؤ کی صدارت میں منعقد ہوئی جس میں سال ۲۰۱۳ء کیلئے ۲۰،۰۰،۰۰۰ روپئے مختص کرتے ہوئے تقریباً ۸۰ فیصد صرف تلگو زبان پر خرچ کرنے اور ۲۰ فیصد مابقی زبانوں بشمول انگریزی، ہندی، اردو، کنڑی، مراٹھی، سنسکرت اور اریا پر مختص کئے جانے پر سخت تنقید کرتے ہوئے انہوں نے مذکورہ مختص کردہ رقم کو انتہائی ناکافی قرار دیا۔ محمود علی نے کہا کہ اردو کو دوسری سرکاری زبان کا درجہ دیا گیا اس کے باوجود اردو کے ساتھ حکومت نے سوتیلا سلوک روا رکھا۔ محمود علی اردو کتب خانہ میں موجود اردو کتابوں کے ڈھیر کو دیکھ کر ششدر رہ گئے جہاں پر گرد و غبار میں قدیم نادر کتابوں کو ردی کی نذر کر دیا گیا۔ انہوں نے میڈیا سے بات چیت کرتے ہوئے بتایا کہ صدر تلنگانہ راشٹرا سمیتی مسٹر کے چندر شیکھر راؤ نے انہیں اسٹیٹ لائبریری کے متعلق تفصیلات سے واقف کروانے کی ہدایت دی تھی جبکہ انہوں نے قبل ازیں بھی مذکورہ لائبریری کے متعلق سے ریاستی حکومت سے نمائندگی کی تھی لیکن حکومت منصوبہ بندی سازش کے تحت ریاست کی قدیم لائبریری کو نظر انداز کر رہی ہے۔ جسے دنیا بھر میں منفرد مقام حاصل ہے۔ حضور نظام نے مذکورہ لائبریری کے قیام پر دنیا بھر سے نادر و نایاب کتب کا ذخیرہ کیا تھا۔ انہوں نے کہا کہ آج بھی مذکورہ لائبریری میں ۱۵ لاکھ سے زائد کتب موجود ہیں چنانچہ حکومت سے مطالبہ کیا کہ وہ ان کا تحفظ کرے۔ محمود علی نے بتایا کہ جب انہوں نے عصری لیاب کا معائنہ کیا تو محسوس کیا کہ مذکورہ لیاب میں ناقص و قدیم مشین بالخصوص کمپیوٹرس، اسکانرس اور لیمنیشن کے مشینوں کو جلد سے جلد منگواتے ہوئے نادر کتب کو محفوظ کرے۔ محمود علی نے حکومت کو نظام حکومت کے مونوگرام (امبلم) سے بھی واقف

کروایا جسے حکومت نے تعصب پرستی کی بناء پر مٹادیا۔ محمود علی نے کہا کہ مذکورہ لائبریری کیلئے ایک سال قبل جنریٹر کیلئے رقم کو ڈپازٹ کیا گیا تھا لیکن آج بھی لائبریری جنریٹر سے محروم ہے۔ انہوں نے اس موقع پر موجود عہدیداروں پر سخت برہمی کا اظہار کرتے ہوئے کہا کہ دنیا بھر میں منفرد مقام حاصل کرنے والی لائبریری میں آگ پر قابو پانے کیلئے نہ ہی فائر سیفٹی ہے اور نہ ہی عملہ کارکرد ہے۔ انہوں نے کہا کہ خدانخواستہ اگر آتشزدگی کا واقعہ رونما ہو گیا تو یقیناً کروڑہا روپئے مالیت کی کتب خاکستر ہو جائیں گی۔ انہوں نے حکومت سے مطالبہ کیا کہ طلبہ جو لائبریری کے احاطہ میں واقع درختوں کے سائے میں مطالعہ میں مصروف ہیں جبکہ لائبریری کے احاطہ میں کھلی اراضی موجود ہے۔ حکومت کو چاہئے کہ وہ اس اراضی کا استعمال کرتے ہوئے علیحدہ طور پر طلباء و طالبات کیلئے مختص کریں۔ انہوں نے لائبریری میں عملہ کے ساتھ ساتھ کتب کا تحفظ اور ان کی نگہداشت کے علاوہ برقی و آبرسانی کے معقول انتظامات پر زور دیتے ہوئے کہا کہ قدیم لائبریری میں مطالعہ کی غرض سے پہنچنے والے تشنگان علم و ادب کیلئے پانی کا انتظام تک نہیں ہے۔

بشکریہ: سہارا نیوز بیورو (۲۹/مارچ ۲۰۱۳ء)

(۷) خدا بخش اورینٹل لائبریری پٹنہ :

مطالعہ کے ذوق و جنون کا مینارہ

حقانی القاسمی و شہناز بیگم

کتاب کلچر کے زوال کے اس صنعتی عہد میں کتب خانہ اور خاص طور پر خدا بخش لائبریری کا ذکر اس لئے بھی ضروری ہے کہ انہی کتب خانوں نے مطالعہ کے ذوق جذبہ اور جنون کو زندہ رکھا ہے۔ ورنہ کتاب اور قاری کے درمیان فاصلہ نہ صرف بڑھ رہا ہے بلکہ اس ڈجیٹل ایج (Digital Age) میں کتابوں کی معنویت مجروح ہوتی جارہی ہے۔ انٹرنیٹ، ای میڈیا اور ای بکس کی وجہ سے مطبوعہ مواد سے آنکھوں کا رشتہ کم ہوتا جارہا ہے، جو کہ مہذب دنیا کے لئے نہایت تشویش ناک اور خطرے کی بات ہے۔ اس کی وجہ سے ذہن کی سطح پر زوال کے آثار نمایاں ہونے لگے ہیں اور ذہنی ارتقاء کی راہیں مسدود ہوتی جارہی ہیں۔ جبکہ کتابوں کے مطالعہ سے نہ صرف نفسیاتی طور پر انسان صحت مند رہتا ہے بلکہ جسمانی طور پر بھی اس کے فوائد کسی سے مخفی نہیں۔

مطالعہ کے ذوق کا انحطاط گمبھیر صورتحال کو جنم دے سکتا ہے، اس زوال کے عروج کو روکنے کے لئے لفظوں سے اپنا رشتہ جوڑنا ہی پڑے گا کہ یہی الفاظ ذہن اور ضمیر کو روشنی عطا کرتے ہیں اور لفظوں سے ہی افکار کی نئی دنیا روشن ہوتی ہے اور ذہنی آفاق کو نئی وسعتیں ملتی ہیں۔ یہ بھی سچ ہے کہ الفاظ ہی زندہ رہیں گے اور ان کی زندگی کا بڑا ذریعہ ہمارے کتب خانے ہیں۔

خدا بخش لائبریری کی تاسیس میں بھی شائد یہی جذبہ موجزن تھا اور اسی جذبہ کی روشنی نے اسے شہرت، عزت اور آفاقیت عطا کی ہے۔ یہ صرف نادر و نایاب مخطوطات و مطبوعات کا مرکز نہیں بلکہ ہماری تہذیبی اقدار کا مظہر بھی ہے اور تہذیبی شناخت کا ایک اہم حوالہ بھی۔ اس کا شمار صرف ہندوستان کی بڑی لائبریریوں میں نہیں ہوتا بلکہ عالمی سطح پر اسے کچھ امتیازات بھی حاصل ہیں۔

یہی وہ کتب خانہ ہے جہاں تاریخ خاندان تیموریہ کا نادر و نایاب نسخہ ہے جو دنیا کی کسی اور لائبریری یا میوزیم میں نہیں ہے اور یہیں ۱۶۱۱ میں لکھا گیا جہانگیر نامہ ہے جس پر اورنگزیب کے صاحب زادہ کے دستخط ان کی شاہی مہر کے ساتھ ثبت ہیں۔ دیوان ہمایوں کا واحد نسخہ صرف اسی کتب خانہ کی رونق ہے۔ ان کے علاوہ دیوان حافظ کا وہ نسخہ بھی ہے جس کے حاشیہ پر شہنشاہ ہمایوں کی ایک تحریر ہے جس سے اندازہ ہوتا ہے کہ ایران میں قیام کے دوران اسی دیوان سے ہمایوں فال نکالا کرتے تھے۔ "پادشاہ نامہ" کا ایک نسخہ بھی ہے جس پر کنگ جارج پنجم کے دستخط ہیں۔ عہد عباسی کے مشہور خطاط یاقوت مستعصمی کی خطاطی سے مزین قرآن کریم کا نسخہ ہے۔ جس پر ۶۶۷ ہجری مرقوم ہے۔ ہرن کی کھال پر خط کوفی میں تین آیتیں ہیں جو شاید دور صحابہ کی ہیں۔

مصحفی کے آٹھوں دواوین کے واحد نسخے کے علاوہ بعض ممتاز افراد کی اپنے ہاتھ کی لکھی ہوئی کتابیں بھی اس لائبریری کی ثروت میں اضافہ کرتی ہیں۔ داراشکوہ کی تصنیف "سفینۃ الاولیاء اور جامی کی سلسلۃ الذہب بخط مصنف اس لائبریری میں موجود ہیں۔ نادر و نایاب مخطوطات کے اس ذخیرہ میں بہت سی ایسی بیش قیمت کتابیں ہیں جن سے علوم وفنون کی نئی تحقیق میں مدد مل سکتی ہے اور نئے نظریئے سامنے آسکتے ہیں۔ ایسی کتابوں میں الزہراوی کی کتاب التصریف جو کہ جراحت پر ایک مستند کتاب ہے اور کتاب

التشییش قابل ذکر ہیں۔

عالمی سطح پر خدا بخش لائبریری کی عظمت اور معنویت مسلم ہے۔ دنیا کی عظیم ترین لائبریروں میں نیویارک پبلک لائبریری، سینٹ پیٹر برگ کی رشین نیشنل لائبریری، لندن کی برٹش لائبریری، پیرس کی Bibliotheque national de France، میڈرڈ میں نیشنل لائبریری آف اسپین، واشنگٹن میں لائبریری آف کانگریس اور دیگر لائبریریاں ہیں جن میں ہمارے تاریخی وادبی ثقافتی آثار محفوظ ہیں۔

گو کہ دنیا کا ایک بڑا علمی ذخیرہ نذر آتش یا غرق آب کر دیا گیا پھر بھی کتابوں کی ایک بڑی کائنات ہے۔ بغداد، غرناطہ، قسطنطنیہ اور اسکندریہ میں بڑے بڑے کتب خانے رہے ہیں۔ خدا بخش لائبریری پٹنہ بھی اسی سلسلے کی ایک کڑی ہے جہاں نادر اور نایاب کتابوں کا اتنا عمدہ اور قیمتی ذخیرہ ہے کہ جو بھی اس لائبریری کی زیارت کے لیے آتا ہے، پرانی کتابوں میں بسی ہوئی خوشبو اسے اس قدر متاثر کرتی ہے کہ وہ مسحور و مدہوش ہو جاتا ہے۔ علوم و معارف کے اتنے اہم ذخیرے کو دیکھ کر لارڈ لٹن، لارڈارون، لارڈ منٹو، لارڈ ریڈنگ، سی وی رمن، جی سی بوس جیسی اہم شخصیتوں کا حیرت زدہ ہونا حیرت کی کوئی بات نہیں ہے۔

اس لائبریری میں اتنا قیمتی ذخیرہ ہے کہ برٹش میوزیم نے اس کے عوض غیر معمولی رقم کی پیشکش کی مگر خدا بخش کے جذبے نے اس پیشکش کو یکسر مسترد کر دیا۔ انہوں نے صاف کہا کہ:

"مجھ غریب آدمی کو یہ شاہی پیشکش منظور نہیں۔"

یہ لائبریری اتنی اہم ہے کہ ایڈنبرگ کے ممتاز مستشرق V.C.Scott O Connor نے خدا بخش لائبریری کو دنیا میں مسلم لٹریچر کا سب سے عمدہ ذخیرہ قرار دیا۔

ان کے الفاظ یہ ہیں:

"The Patna Oriental Public Library is one of the finest collections on Moslim literature in the world".

۱۹۲۵ میں مہاتما گاندھی نے اس لائبریری کو دیکھ کر مسرت کا اظہار کیا تھا اور جواہر لال نہرو نے ۱۹۵۳ میں جب اس لائبریری کا دورہ کیا تو انہیں خوشگوار حیرت ہوئی۔ اسی طرح Lord Mountbatten جو پہلے گورنر جنرل تھے انہوں نے لائبریری کو دیکھ کر نہایت ہی معنی خیز جملہ کہا تھا:

"A unique collection of which this great country may justly be proud".

ٹیگور نے ۲/ دسمبر/ ۱۹۱۳ کو یہ لکھا کہ:

"میں نے خدابخش لائبریری میں روشنی کے سمندر میں کھلے کنول میں چھپے شہد کا ذائقہ محسوس کیا۔"

اس طرح یہ لائبریری نہ صرف اپنی عظمت کے اعتبار سے منفرد ہے اور یہاں نایاب کتابوں کا عمدہ ذخیرہ ہی نہیں بلکہ مغل راجپوت، ترکی اور ایرانی مصوری کے نایاب نمونے بھی ہیں۔ ایسی پینٹنگس اور منی ایچرس ہیں جو ہندو دیوتاؤں کے ہیں اور وہ صرف اسی لائبریری میں ہیں۔ نایاب کتاب تاریخ خاندان تیموریہ میں ۱۳۳اور یجنل تصویریں ہیں جو ایرانی فنکار عبدالصمد کے شاگردوں کی بنائی ہوئی ہیں۔ پادشاہ نامہ میں ۱۲ تصویریں ہیں۔ اس کتب خانے میں قدیم مصوری اور خطاطی کے نمونے یقینی طور پر اس عہد کے اسلوب اور طرز حیات کی نشاندہی کرتے ہیں۔ اس اعتبار سے یہ صرف نمونے ہی نہیں بلکہ اس عہد کے طرز احساس کے عکاس بھی ہیں۔

خدابخش لائبریری میں عربی، فارسی، اردو، ترکی، پشتو، سنسکرت اور ہندی میں تقریباً ۲۱,۱۲۵ مخطوطے ہیں جب کہ مطبوعہ کتابوں کی تعداد تقریباً ۲۵۰,۰۰۰ ہوگی جو عربی، فارسی، اردو، ہندی، پنجابی، انگلش، فرانسیسی، جرمن، روسی اور جاپانی زبانوں میں ہیں۔ آج اس کتب خانے کا شمار ہندوستان کی اہم لائبریریوں میں ہوتا ہے جب کہ آغاز میں صرف ۱۴۰۰ مخطوطات تھے، جو خدابخش کے والد مولوی محمد بخش نے بڑی محنت سے جمع کی تھیں۔

خدابخش لائبریری دراصل خدابخش خاں کے جذبے اور جنون کا مظہر ہے جنہوں نے اپنے والد کی وصیت کے مطابق ذخیرہ کتب میں توسیع کے لیے مقدور بھر کوشش کی اور ان کی کوشش رنگ لائی۔ انہوں نے کتابوں کو جمع کرنے کے لیے اپنا سارا سرمایہ خرچ کیا اور اس کے لیے باضابطہ ایک شخص کو مامور کیا جس نے مصر، شام، دمشق، بیروت، ایران اور عرب سے قیمتی مخطوطے حاصل کیے۔ اس شخص کا نام محمد مکی تھا۔ خدابخش خاں نے اپنے والد کے خواب میں رنگ بھرنے کے لیے کسی قسم کی دشواریوں کی پرواہ نہیں کی۔ عزم محکم، یقیں پیہم اور وسیع تر وژن نے ان کی مشکل راہوں کو آسان کر دیا۔ خدابخش خان نے اپنا سارا کچھ کتابوں پر خرچ کیا۔ یہاں تک کہ انہیں اپنے علاج کے لیے قرض لینا پڑا اور حکومت بنگال نے قرض کی ادائیگی کے لیے ۸۰۰۰ کی خطیر رقم عطا کی۔ ان کے والد کے خوابوں کا تاج محل خدابخش لائبریری کی شکل میں مرجع خلائق ہے۔ جس کی بنیاد خدابخش کے والد نے کتب خانہ محمدیہ کے نام سے ڈالی تھی۔ ۱۸۸۸ میں خدابخش خاں نے لائبریری کے لیے دو منزلہ عمارت بنوائی جس پر ۸۰,۰۰۰ کی لاگت آئی۔

اس لائبریری کا باضابطہ آغاز ۲۹/اکتوبر/۱۸۹۱ میں سر چارلس ایلیٹ (Sir

گورنر آف بنگال نے کیا۔ لائبریری کا نام لائبریری کے ٹرسٹی (Charles Elliot حکومت بنگال کے ٹرسٹ ڈیڈ (Trust Deed) کے مطابق بانکی پور اورینٹل لائبریری رکھا گیا۔ ۲۶/ دسمبر ۱۹۶۹ میں حکومت ہند نے ایکٹ آف پارلیمنٹ کے تحت اسے قومی اہمیت کا ادارہ تسلیم کیا اور اس کے انتظام وانصرام اور ترقی وتوسیع کے لیے فنڈ فراہمی کی ذمہ داری بھی لی۔

خدابخش لائبریری اب تحقیقی ادارے میں تبدیل ہو چکا ہے۔ جہاں مختلف موضوعات پر تحقیق کا سلسلہ جاری ہے۔ لائبریری کی فہرست بھی تیار کی جاتی رہی ہے۔ فہرست سازی کا کام ۱۹۰۴ میں گورنر لارڈ کرزن کی ایما پر مشہور دانشور سر ڈینسن راس (Edward Dennison Ross) کی زیر نگرانی شروع ہوا اور کیٹلاگ اور اشاریے کتابی شکل میں شائع ہوئے۔ ڈاکٹر عظیم الدین احمد نے ۳۴/ جلدوں میں

Catalogue of Arabic and Persian Menuscripts in the oriental public library

کے نام سے مرتب کی۔ اس کے علاوہ مفتاح الکنوز کے نام سے ۳ جلدوں میں عبدالحمید ایڈورڈ ڈینی سن راس نے فہرست تیار کی۔ جس کی تیسری جلد سید اطہر شیر کی مرتب کردہ ہے۔

عابد امام زیدی نے بھی خدابخش اورینٹل پبلک لائبریری کی فہرست مخطوطات اردو مرتب کی۔ زیڈ اے ڈیسائی نے یہاں کے عربی اور فارسی مخطوطات کی فہرست تیار کی اور ایم ذاکر حسین نے تین جلدوں میں وضاحتی فہرست ترتیب دی۔ اس طرح خدابخش لائبریری کے مخطوطات اور مطبوعات کی وضاحتی فہرست نہ صرف اسکالرز اور محققین کے لیے مشعل راہ ہے بلکہ اس کے ذریعے کسی بھی موضوع کی نئی جہتوں کی جستجو میں بھی

مدد ملتی ہے۔

خدابخش لائبریری کا ایک تحقیقی جرنل "خدابخش جرنل" کے نام سے شائع ہوتا ہے۔ یہ مجلہ کثیر لسانی ہے۔ مشرقی اسلامی مطالعات اور تاریخ و تہذیب پر مرکوز اس جرنل میں نہایت وقیع عالمانہ اور دانشورانہ مضامین شائع ہوتے ہیں۔ یہ جرنل ۱۹۷۷ سے شائع ہو رہا ہے۔ جرنل کے علاوہ مخطوطات کی تدوین، ترتیب اور اشاعت کا بھی اہتمام خدابخش لائبریری نے کیا ہے۔ اس لائبریری نے اب تک جو کتابیں شائع کی ہیں، موضوعی اعتبار سے ان میں جدت اور ندرت ہے۔ خاص طور پر قدیم تذکرے اور ان کی تلخیصات کی اشاعت نہایت اہمیت کی حامل ہے کہ ان تذکروں سے ادب کی ایک مبسوط تاریخ کی ترتیب و تدوین میں مدد ملتی ہے اور مختلف عہد کے تخلیقی مزاج و منہاج کا پتہ چلتا ہے۔

علمی ادبی تحقیق کو بھی ان کتابوں سے بہت سی جہتیں ملی ہیں اور تحقیق کی نئی راہیں بھی کھلی ہیں۔ مختلف موضوعات اور اصناف پر محیط کتابوں میں ہندوستانی تاریخ اور تہذیب سے متعلق کتابیں بھی شامل ہیں۔ یہ ہندوستانی تاریخ اور تہذیب کی نئی سمتوں کا تعین کرتی ہیں اور تاریخ وتہذیب کی نئی تفہیم اور تعبیر کی صورتیں بھی پیدا کرتی ہیں۔ یہ موضوعات فی نفسہ بھی اہم ہیں اور کچھ محققین کے ذہن رسانے بھی ان موضوعات کو معنویت عطا کی ہے۔ ہندوستان کی مشترکہ تہذیب اور تاریخ کے حوالے سے بھی کچھ کتابیں خدابخش لائبریری نے شائع کی ہیں جو دو قوموں کے درمیان درآئی غلط فہمیوں کا ازالہ کرتی ہیں اور مسخ شدہ حقائق کو نئی صورتوں میں پیش کرتی ہیں۔

تعصب زدہ تاریخ نے جس نظریاتی شدت اور فکری فسطائیت کو جنم دیا ہے، اس تاریخ کی تنسیخ کا عمل بھی ضروری ہے ورنہ جھوٹ کو سچ میں تبدیل ہوتے زیادہ دیر نہیں

لگتی اور پھر اس سچ کو جھوٹ ثابت کرنے میں صدیاں لگ جاتی ہیں۔

۱۸۵۷ کی مثال سامنے ہے جہاں ایک سچ صدیوں سے کراہ رہا ہے مگر وہ ایک ایسے خزینے میں مدفون میں ہے جو شاید سرکاری تحویل میں ہے وہ اگر سامنے آجائے تو تاریخی منطق تبدیل بھی ہو سکتی ہے اور تحریک آزادی کے تعلق سے ایک بالکل چونکانے والا نظریہ بھی سامنے آسکتا ہے۔ مگر کچھ مخصوص ذہن و فکر کے لوگ صحیح حقائق کو منظر عام پر لانے کی راہ میں رکاوٹ بنے ہوئے ہیں کہ اس کی وجہ سے ان کی فکری اور نظری منطق کا مغالطہ لوگوں پر آشکار ہو جائے گا۔

علمی سطح پر یہ جو روش کچھ مخصوص ذہن و فکر رکھنے والوں کی وجہ سے پنپ رہی ہے اس کی بیخ کنی نہایت ضروری ہے۔ خدا بخش لائبریری کے توسیعی خطبات اور ادبی علمی تقریبات کا موضوع بھی یہی مسائل و مباحث ہوتے ہیں جو یقینا ملک اور سماج کو ایک نئی مثبت اور صحت مند فکر، احساس یا نئے جذبے سے روشناس کراتے ہیں۔

خدا بخش لائبریری صرف ہندوستانی محققین کے لیے اہم مرکز نہیں ہے بلکہ غیر ملکی محققین بھی اس کتب خانے سے استفادہ کرتے ہیں۔ تحقیق کے سفر میں خدا بخش لائبریری کی کتابیں نہ صرف ان کی معاون و مددگار ہوتی ہیں بلکہ ذہن کو نئی جہتوں اور زاویوں سے روشناس بھی کرتی ہیں۔

خدا بخش لائبریری میں عربی، فارسی تحقیقات کا سلسلہ بھی جاری ہے اوراس کے تحت فیلوشپ بھی دی جاتی ہے، اسلامی اور مشرقی مطالعات اور تاریخی تناظرات سے متعلق تحقیق کا جو جذبہ ہے یقینا قابل رشک ہے مگر خدا بخش لائبریری جیسے بڑے اداروں کو اب اپنی تحقیق کا منہج بدلنا چاہئے اور (Jacques Paul) کی طرح (Mign Graeca) اور (Migne Latina) جیسی ۳۷۹ جلدوں پر محیط انسائیکلوپیڈیا ترتیب دینی

چاہئے جو جامع الفنون ہو۔

خدابخش لائبریری کی یہ خوش بختی رہی ہے کہ اس کے سلسلہ ملازمت سے وابستہ بہت سی مشہور شخصیات رہی ہیں مولانا مسعود عالم ندوی جیسی شخصیت بھی اس لائبریری سے وابستہ رہی ہے جن کے علمی تبحر کا اعتراف زمانہ کرتا ہے۔ ایک نابغہ روزگار شخصیت جنہیں عربی زبان پر گہرا عبور تھا اور جن کی تصنیفات محمد بن عبدالوہاب ایک مظلوم اور بدنام مصلح، ہندوستان کی پہلی اسلامی تحریک، مولانا عبیداللہ سندھی کے افکار و خیالات پر ایک نظر، اشتراکیت اور اسلام حوالہ جاتی حیثیت رکھتی ہیں۔

عربی زبان کے محقق مولانا مسعود عالم ندوی او گانوی ۱۹۳۷ میں خدابخش لائبریری سے وابستہ ہوئے کیٹلاگس کی ترتیب میں تحقیق کی عمدہ مثال قائم کی۔ اسی طرح اس لائبریری سے پروفیسر عبدالرشید جیسی شخصیت کی وابستگی ریفرینس اسسٹنٹ کی حیثیت سے رہی ہے جو عربی زبان کے محقق اور پٹنہ یونیورسٹی کے صدر شعبہ عربی کے حیثیت سے معروف و ممتاز ہیں۔ دیوبند کے فیض یافتہ پروفیسر عبدالرشید نے طبقات الشافعیہ کی تدوین کی۔ ملک کے موقر مجلات میں ان کے شائع شدہ مقالات ان کی مطالعاتی وسعت اور لسانی قدرت کا ثبوت ہیں۔

اس لائبریری کو ہمیشہ بے لوث اور مخلص ڈائریکٹر ملے ہیں۔ اس لائبریری کے ڈائرکٹر عابد رضا بیدار جیسے دانشور رہے ہیں جن کا زمانہ خدابخش لائبریری کا عہد زریں ہے۔ ان کے پاس ایک وژن تھا اور منفرد سوچ تھی اور ان کا طریقہ کار سب سے الگ تھا۔ ان کے دور میں لائبریری کی شہرت و عظمت میں غیر معمولی اضافہ بھی ہوا اور لائبریری عام توجہ کا مرکز بھی بنی۔ لائبریری کی تحقیقی سرگرمیوں میں نئی جان آئی اور سچ پچ قومی اور عالمی سطح پر خدابخش لائبریری کو جو شناخت میسر ہے، وہ عابد رضا بیدار کی پیہم

جدوجہد اور کوششوں کا ثمرہ ہے۔ گو کہ وہ بعض افراد کی شرپسندی کا شکار بھی ہوئے اور انہیں دائرہ اسلام سے خارج بھی کیا گیا اور یہ معاملہ اخبارات میں اچھالا گیا شاید مئی ۱۹۹۲ میں ایس ایم محسن کی کتاب کی تقریب میں انہوں نے کفر کی نئی تشریح پر زور دیا تھا اور ہندوؤں کو زمرۂ کفار سے نکالنے کی درخواست کی تھی۔ اسی عالمانہ سوال پر انہیں کافر قرار دے دیا گیا بہرحال عابد رضا بیدار کی علمی اہمیت سے انکار ممکن نہیں۔ وہ ایک بلند پایہ دانشور، محقق ہیں اور ان کی خدمات کا اعتراف زمانہ کرے گا۔

ان کے علاوہ خدابخش لائبریری پٹنہ کے ڈائرکٹر میں حبیب الرحمن چغانی اور ڈاکٹر ضیاء الدین انصاری جیسی شخصیتیں بھی رہیں جو علمی دنیا میں تعارف کی محتاج نہیں۔ خدابخش لائبریری کے موجودہ ڈائریکٹر ڈاکٹر امتیاز احمد تاریخ میں استناد کا درجہ رکھتے ہیں انہوں نے عبدالرحیم خانخاناں پر نہایت وقیع کام کیا ہے۔

پٹنہ یونیورسٹی سے تاریخ میں ڈاکٹریٹ کی ڈگری حاصل کرنے والے ڈاکٹر امتیاز احمد نے متنازعہ فلم "جودھا اکبر" کے بارے میں بھی اپنی تاریخی بصیرت اور علمیت کا ثبوت دیا اور ان کے حوالے سے انگریزی اخبارات میں جودھا اکبر کے بارے میں بہت ساری تفصیلات سامنے آئیں۔ انہوں نے کہا کہ جودھا بائی اکبر کی بیگم نہیں تھی۔ ابوالفضل کے اکبرنامہ، عبدالقادر بدایونی کے منتخب التواریخ اور نظام الدین بخشی کے طبقات اکبری میں اس کا ذکر نہیں ہے۔ امتیاز احمد کا کہنا ہے کہ انیسویں صدی میں جودھا کا نام اس وقت سامنے آیا جب کرنل ٹوڈ نے اپنی کتاب Annals and Antiquity of Rajasthan میں اس کا ذکر کیا تھا۔

خدا بخش اورینٹل پبلک لائبریری پٹنہ

دارالمطالعے ہماری علمی روایت کی تاریخ مرتب کرتے ہیں: لہٰذا دارالمطالعوں کی اپنی قدریں جس قدر مستحکم ہوں گی ان سے مرتب ہونے والی علمی روایت بھی اس قدر عظیم الشان اور پرشکوہ قرار دی جائے گی۔ خدا بخش اورینٹل پبلک لائبریری ہماری علمی دانشورانہ روایت کی تاریخ میں ایک نشان امتیاز کی حیثیت رکھتی ہے اور تقریباً ۱۲۵ برسوں سے اس دعوے پر دلیل و برہان کی شکل میں ہمارے سامنے موجود ہے اور جس قدر وقیمت اس علمی سرمائے کی ہم نشین ہوتی جائے گی اس کی روشن مثال کی داستان اسی قدر روشن سے روشن تر۔

خدا بخش لائبریری ابو علی خاں المعروف بہ خدا بخش خاں کے والد مولوی محمد بخش خاں متوطن ضلع چھپرہ، صوبہ بہار کی ذاتی دلچسپیوں اور علمی نوادرات کے ذخیروں کی فراہمی کی شوق کا مرہون منت ہے۔ جنہوں نے اپنے وارث خدا بخش خاں کیلئے اپنے ترکے میں تقریباً ۱۴۰۰ عربی و فارسی مخطوطات اور طبع شدہ کتابوں کا ذخیرہ اس ہدایت کے ساتھ چھوڑا کہ ان کا وارث عظیم آباد شہر کے قلب میں ایک ایسا دارالمطالبہ قائم کرے جس کی نظیر صاحب نظروں کو دور دور تک نظر نہ آئے۔ میراث پدر دعاؤں کے ساتھ تھی اور وارث خود علمی ذوق بھی وارثت میں لایا تھا لہٰذا ۸۰ ہزار روپئے کی لاگت سے ۱۸۸۸ء میں یہ خواب دریائے گنگا کے کنارے وسط عظیم آباد میں شرمندہ تعبیر ہوا۔

افتتاح کرتے وقت لیفٹننٹ گورنر چارلس ایلیت نے نہایت ذمہ داری سے بیان دیا کہ اس کی بنا پائیدار ہے لہٰذا تاریخ بھی روشن ہوگی، جو حرف بہ حرف صحیح ثابت ہوا۔ اردو، فارسی اور عربی کے ۱۴۰۰ مخطوطات اور مطبوعہ کتابوں سے شروع ہونے والی یہ لائبریری آج اپنے علمی سرمائے کا جب شمار پیش کرتی ہے تو پتہ چلتا ہے کہ اس کے

مخطوطات کا ذخیرہ ۲۱۰۰۰ سے زائد اور مطبوعات کا تعداد تقریباً دو لاکھ تک پہنچ چکی ہے۔ صرف مجلد رسائل وجرائد تقریباً ۳۸۰۰۰ سے زائد ہیں۔

لائبریری کے نوادرات میں جہاں مخطوطات اور بے مثل مطبوعات کا ذخیرہ ہے وہیں تغلق، اکبر، شاہجہاں اور شاہ عالم جیسے فرمانروان مملک کے دور کے نادر ونایاب ۸۰۰ سکے بھی موجود ہیں۔ لائبریری کے ذمہ داران کے مطابق ۱۹۶۵ء میں مخطوطات ۸۴۸۷ اور مطبوعہ کتابیں ۴۱۴۱۱ تھیں جبکہ ۳۱/مارچ ۱۹۹۹ء تک قلمی ذخیروں کی تعداد ۲۱۱۰۱ اور مطبوعات ۹۵۵۳۸ تک پہنچ چکی تھیں۔

کسی بھی اچھی لائبریری کی عظمت کا اندازہ اس سے لگایا جا سکتا ہے کہ اس کے دامن میں نادر ونایاب مخطوطات اور فن پاروں کے کتنے گوہر آبدار موجود ہیں۔ اس لحاظ سے خدا بخش لائبریری کی قدر وقیمت صرف ہندوستان ہی نہیں بلکہ دنیا کی کسی بھی اہم لائبریری سے کسی طور پر بھی کم نظر نہیں آتی۔ خطاطی اور تصویروں کے نمونے سے لے کر نادر ونایاب مخطوطات تک بے مثل سرمائے اس لائبریری کی جان ہیں۔

عباسی دور کے خطاط یاقوت مستعصی کے ہاتھ سے لکھا ہوا قرآن، صحابہ کے دور میں ہرن کی کھال پر خط کوفی میں لکھی ہوئی سورہ ابراہیم کی تین آیتیں، قرآن شریف کا مرصع بڑی تقطیع پر لکھا ہوا مرصع وہ مطلع نسخہ اور قرآن کے بعض ایسے نسخے یہاں موجود ہیں کہ جس کی مثال شاید و باید ہی کہیں نظر آئے۔ علاوہ ازیں مصنف کی زندگی میں کتابت شدہ رسالہ قشیریہ اور تاریخ خاندان تیموریہ کے ایسے نسخے نظر آتے ہیں جن کے بارے میں دعویٰ ہے کہ یہ دنیا کے واحد نسخے ہیں۔

فاتح قسطنطنیہ سلطان ثانی کی تاریخ "شہنشاہ نامہ" شاہ جہاں کی مکمل تاریخ "بادشاہ نامہ" بادشاہ جہانگیر کا "جہانگیر نامہ" اور فردوسی کے "شاہنامہ" کے مصور نسخے نہایت

بے مثال مصوری کے نمونوں کے ساتھ موجود ہیں جو کسی زمانے میں بادشاہوں کے مطالعے میں رہے تھے اور ان پر اب بھی ان کے دستخط ان کے نادر ہونے کی گواہی دیتے ہیں۔

مشہور فارسی شاعر جامیؒ کے خود اپنے ہاتھ سے لکھی ہوئی تصنیف "سلسلۃ الذہب" کا نسخہ اور ان کی کتاب "یوسف و زلیخا" کا عبدالرحیم خان خاناں کے ہاتھوں تیار شدہ نسخہ اور دیوان حافظ کا وہ نسخہ جس پر ہمایوں اور جہانگیر کے دستخط موجود ہیں اور داراشکوہ کی مشہور کتاب "سفینۃ الاولیاء" کا وہ نسخہ جسے خود اس نے اپنے ہاتھ سے لکھا تھا لائبریری کے ان نوادرات میں شامل ہیں جن کی قدر و قیمت کا اندازہ بھی نہیں لگایا جاسکتا۔

اس کے علاوہ گیتا، پران، مہابھارت کے نایاب فارسی تراجم اور سنسکرت میں کئی سو تامڑ پتر اور کثیر تعداد میں اہم شخصیات کے خطوط کے ذخیرے لائبریری کی شان میں اضافہ کرتے ہیں۔ ابتداء سے ہی لائبریری کی جدید کاری پر ہمیشہ توجہ دی گئی لہذا ۱۹۵۴ء میں ہی عکسی نقل فراہم کرانے کیلئے ایک مائیکرو فلمنگ سیکشن قائم کیا گیا۔ ریپروگرافی کی خدمات مہیا کرائی گئیں زیروکس کے بعد منولٹا مائیکرو فلم ریڈر کا انتظام ہوا اور اب مخطوطے کی مائکرو فلم تیار کر کے اس کے پرنٹ آوٹ بہ آسانی مہیا کرانے کی سہولتیں دستیاب ہیں۔

کمپیوٹر سکشن کا حالیہ اضافہ لائبریری کی جدید کاری کی طرف ایک اہم قدم ہے جس کی وجہہ سے لائبریری کو دوسری سہولتوں کے علاوہ طباعت کی آسانیاں بھی فراہم ہوگئی ہیں۔ خدابخش خاں نے لائبریری کی جو دو منزلہ عمارت تیار کروائی تھی۔ اس میں وقت کے ساتھ کافی اضافہ ہوا ہے۔ حکومت بہار نے ۱۹۳۸ء میں نہایت خوبصورت عمارت تیار کروائی تھی حکومت ہند نے بعد میں اس کی دوسری منزل کا اضافہ کیا لیکن جب جگہ کی

قلت محسوس کی گئی تو پرانی عمارت کی پشت پر ۱۹۸۳ء میں ایک نہایت خوبصورت سہ منزلہ عمابرت کی تعمیر کی گئی۔ لیکن لائبریری کے روں افزوں ضرورتوں کو دیکھتے ہوئے یہ عمارتیں بھی ناکافی محسوس ہو رہی ہیں۔ لہذا نئے ذمہ داروں نے ایک شش منزلہ عمارت کا منصوبہ بورڈ سے پاس کرا کے محکمہ ثقافت کو بھیجا جس پر تقریباً پانچ کرور روپے کی لاگت کا اندازہ ہے۔

دسمبر ۱۹۶۹ میں حکومت ہند نے پارلیمنٹ ایکٹ کے ذریعہ اس لائبریری کو قومی ادارے کی شکل دے دی جس بناء پر اس کے مصارف اس ادارے کیلئے نہایت تشفی کی بات ہے۔ لائبریری کا بجٹ تقریباً ۵ء اکروڑ روپے سالانہ ہے اور حکومت بہار کی طرف سے بھی سالانہ ۵۰ ہزار روپے کی امداد مل جاتی ہے۔ ان آسانیوں کی وجہ سے لائبریری کو بہتر سے بہتر بنانے کی کوششیں جاری ہیں۔

بشکریہ: سہارا نیوز بیورو / شہناز بیگم (۱۱/مارچ ۲۰۱۳ء)

(۸) زندہ لفظوں کا روشن مینار: رامپور رضا لائبریری

حقانی القاسمی

رامپور میں بھی ایک تاج محل ہے۔

اس تاج محل سے بالکل مختلف جس کے بارے میں ساحر لدھیانوی جیسے حساس شاعر نے کہا تھا:

اک شہنشاہ نے دولت کا سہارا لے کر
ہم غریبوں کی محبت کا اڑایا ہے مذاق

آگرہ کا یہ تاج محل فردیت کی علامت ہے تو دارالسرور رامپور کا تاج محل اجتماعیت کا استعارہ۔ شاہجہاں کا تاج محل مظہر الفت اور نشان سطوت شاہی کے ساتھ محض ایک مقبرہ ہے مگر مہابھارت کے عہد میں پنچال بادشاہت کا حصہ رہ چکے رامپور کے تاج محل میں زندہ لفظوں کے روشن مینار ہیں۔ اس میں انسانی تہذیب و تاریخ کے اجتماعی شعور اور لاشعور کے ساتھ ساتھ عجائبات اور نوادرات کا خزینہ ہے۔ اس تاج محل میں احساس کی قندیلیں ہیں، ذہن کی جولانیاں ہیں، فکر کی تابانیاں ہیں، خیال کی رعنائیاں ہیں۔ جمنا کنارے شاہجہاں کا تاج محل تو صرف سنگ و خشت کا ایک خوبصورت مجسمہ ہے جبکہ کوسی (جس کا پانی بقول غالب اتنا میٹھا کہ پینے والے کو شربت صاف کا گماں گزرے، ہاضم اور سریع النفوذ پانی)، ناہل، رام گنگا کے درمیان واقع رامپور کے تاج محل کی اساس عرفان وآگہی کی اینٹوں پر ہے۔ ۱۶۴۸ میں پایہ تکمیل کو پہنچنے والے مغل طرز تعمیر کے شاہ کار

تاج محل سے صرف احساس کا ارتعاش ہوتا ہے جبکہ ۱۷۷۴ میں نواب فیض اللہ خاں کی تشکیل کردہ ریاست رام پور میں واقع تاج محل سے انسان کا باطن آگہی کی آگ سے روشن ہوتا ہے اور باطن میں صنوبر کے درخت اگتے ہیں۔ ممتاز محل کی یاد میں تعمیر کردہ تاج محل میں صرف تخیل کا رومان ہے جبکہ اجتماعی حافظے اور انسانی احساس کے تحفظ کے لیے تعمیر کردہ رامپور کا تاج محل تخیل اور تعقل کی جولان گاہ ہے۔ یہاں وہ تہذیبی، ثقافتی، علمی سرمایہ ہے جس سے کوئی بھی قوم اپنی تاریک تقدیر کو تابندہ کر سکتی ہے۔

حیرت ہوتی ہے کہ روہیلہ پٹھان جن کے ہاتھوں میں تلواریں تھیں ان میں کیسے یہ احساس بیدار ہوا کہ تلواروں سے نہیں، تحریروں سے تقدیریں بدل سکتی ہیں کہ تلواریں نگوں ہو جاتی ہیں مگر تحریریں ہمیشہ سربلند رہتی ہیں۔ تلواروں سے جنگیں تو جیتی جا سکتی ہیں مگر دل، ذہن اور ضمیر نہیں۔ اس تبدیلی احساس نے ان کے اندر علم و ادب کی ایک ایسی کائنات کو روشن کر دیا جس سے صرف ان کے ذہن منور نہیں ہوئے بلکہ اس کی تابانی دور دور تک پھیلی اور اسی تابانی کی تشکیل کتابوں کے تاج محل رضا لائبریری کی شکل میں ہوئی اور اس کے معمار ہیں وہ نوابین رامپور جو علم و ادب کے شیدائی تھے، جن کی علم دوستی اور ادب پروری نے ایک چھوٹے سے شہر رامپور کو بلدۂ کمال و جمال میں تبدیل کر دیا اور ملک بھر کے ادیبوں، شاعروں اور دانشوروں نے اس سرزمین کو اپنے قدوم میمنت لزوم سے سرفراز کیا۔

غدر کے زمانے میں دلی میں ابو ظفر محمد سراج الدین بہادر شاہ ظفر (۲۴/اکتوبر ۱۷۷۵۔ ۷/نومبر ۱۸۶۲) کا دربار ویران ہوا، تو رامپور کا دربار آباد ہوا۔ کتنے شعرا و ادبا نے یہاں اقامت اختیار کی اور نوابین کی سرپرستی نے ان کے احساس و اظہار کی تابندگی کو مزید جلا بخشی۔ نوابین رام پور شعر و ادب کا شائستہ مذاق رکھتے تھے بلکہ بعض نوابین تو خود

شعر گوئی میں مہارت تامہ رکھتے تھے۔ نواب یوسف علی خاں بہادر فردوس مکاں (۱۸۱۶-۱۸۶۵) بھی شاعر تھے۔ ان کا تخلص ناظم تھا۔ تلمیذ غالب ناظم کا 'آب زر' سے لکھا ہوا دیوان لائبریری میں محفوظ ہے۔ ان لوگوں کی وجہ سے رامپور کی سرزمین تخلیقی اعتبار سے باغ و بہار بن گئی۔ غالب (۲۷/دسمبر ۱۷۹۷۔ ۱۵/فروری ۱۸۶۹) جیسے شاعر نے بھی یہاں کے راج دوارا میں ڈاک خانے سے متصل مکان میں اقامت اختیار کی جو اب ڈاکٹر وقار الحسن صدیقی کے مطابق لکشمی نواس میں بدل گئی ہے اور غالب نواب کلب علی خاں بہادر خلد آشیاں (۱۸۳۴-۱۸۸۷) جنہیں ۲۳/ جنوری ۱۸۷۵ میں فرزند دل پذیر دولت انگلشیہ کا خطاب ملا تھا اور ۱۸۷۷ میں ۱۵ بندوقوں کی سلامی دی گئی تھی اور جو بقول غالبؔ بہ اعتبار اخلاق آیتہ رحمت اور خزانہ فیض کے تحویلدار تھے۔، کے الطاف خسروانہ سے مستفیض ہوئے، جس کا اظہار اپنے ایک شعر میں غالبؔ نے یوں کیا

در پہ امیر کلب علی خاں کے ہوں مقیم
شائستہ گدائی ہر در نہیں ہوں میں

اور میر مہدی مجروح کو یہ لکھا کہ جو لطف یہاں ہے وہ اور کہاں ہے، Romantic Disposition کے شاعر مومن خاں مومن (۱۸۵۱-۱۸۰۰)، نواب مرزا خاں داغ دہلوی (۱۹۰۵-۱۸۳۱) اور امیر مینائی لکھنوی (۱۹۰۰-۱۸۲۶) جیسے شاعروں کا بھی اس شہر سے رشتہ رہا ہے۔

ارباب کمال کی اس سرزمین رام پور میں بکھنگم پیلس (Buckingham Palace) کا مثنیٰ نظر آنے والی رضا لائبریری کی پرشکوہ عمارت Indo-Sarasenic طرز تعمیر کا شاہکار ہے۔ یہ کتب خانہ جس کا سفر نواب سید علی محمد خاں (۱۷۰۵-۱۷۴۹) کے صاحبزادے نواب سید فیض اللہ خاں (۱۷۳۳-۱۷۹۴) کے دور میں ۱۷۷۴ میں

توشہ خانے سے شروع ہوا تھا، نواب سید محمد سعید خاں بہادر جنت آرام گاہ (۱۷۸۶-۱۸۵۵) کی خصوصی توجہ سے اس کے لیے ایک الگ کمرہ مختص کیا گیا، لکڑی کی الماریاں تیار کی گئیں اور ایک افغانی اسکالر آغا یوسف علی محوی کو لائبریری کی ترتیب و تنظیم کے لیے مامور کیا گیا اور لائبریری کی کتابوں کے لیے فارسی میں ایک مہر بنائی گئی جس پر یہ شعر کندہ تھا:

ہست ایں مہر بر کتب خانہ
والیٔ رامپور فرزانہ

لائبریری کو نوادرات سے مالامال کرنے کے لیے نواب کلب علی خاں کی مساعی جمیلہ بھی کم نہیں رہی ہیں۔ انہوں نے نایاب مخطوطے اور پینٹنگس اور اسلامی خطاطی کے نمونوں کے لیے بے پناہ کوششیں کیں۔ مختلف ملکوں کا دورہ کیا اور انہی کی وجہ سے لائبریری کو قرآن کریم کا وہ نسخہ ملا، جو چمڑے پر لکھا ہوا ہے اور حضرت علی سے منسوب ہے۔ ان کے بعد نواب مشتاق علی خاں بہادر عرش آشیاں (۱۸۵۶-۱۸۸۹) نے لائبریری کی ترقی اور توسیع کے لیے بجٹ مختص کیا اور نئی عمارت تعمیر کی۔ عالیجاہ فرزند دل پذیر دولت انگلشیہ مخلص الدولہ ناصر الملک امیر الامرا نواب سر سید محمد حامد علی خاں بہادر جنت مکاں (۱۸۷۵-۱۹۳۰) نے اپنے عہد میں عالیشان عمارتیں بنوائیں۔ انہوں نے ہی خاص باغ میں قلعہ کے اندر حامد منزل تعمیر کروائی، جس کے چیف انجینئر W۔C۔Wright تھے۔ اسی حامد منزل میں ۱۹۵۷ میں لائبریری منتقل کر دی گئی اور پھر جب فرزند دل پذیر نواب ڈاکٹر سر سید محمد رضا علی خاں بہادر فردوس مکیں (۱۹۰۶-۱۹۶۶) مسند نشیں ہوئے تو انہوں نے لائبریری کی تنظیم نو کی۔ وہ خود بھی ہندوستانی موسیقی کے دلدادہ تھے، اس لیے انہوں نے ہندوستانی موسیقی سے متعلق بہت

سے نایاب مخطوطے خریدے۔ ۱۹۴۹ میں وفاق ہند میں رام پور ریاست کے الحاق کے بعد یہ لائبریری ٹرسٹ کے حوالے کر دی گئی اور یکم جولائی ۱۹۷۵ میں ایکٹ آف پارلیمنٹ کے تحت یہ لائبریری مرکزی حکومت کی تحویل میں چلی گئی اور اس وقت نواب سید مرتضیٰ علی خاں (۱۹۸۲-۱۹۲۳) نو تشکیل شدہ بورڈ کے وائس چیئرمین منتخب ہوئے۔

نواب رضا علی خاں سے موسوم یہ لائبریری اب خود مختار قومی ادارہ ہے جہاں ملک اور بیرون ملک کے اسکالرس آتے ہیں اور تحقیقات عالیہ سے دنیا کو فیضیاب کرتے ہیں۔ نوادرات اور مخطوطات کی وجہ سے عالمی سطح پر اس کی شناخت ہے۔ نواب لوہارو کے علمی ذخیرہ کی شمولیت سے اس کی افادیت میں اور اضافہ ہوا ہے۔ علامہ شبلی نعمانی (۳/ جون ۱۸۵۷۔ ۱۸/ نومبر ۱۹۱۴) جیسے دانشور اور مفکر نے ۶/ اپریل ۱۹۱۴ کو جب اس لائبریری کی زیارت کی تو انہوں نے اعتراف کیا کہ "ہندوستان میں اس سے بہتر کوئی ذخیرہ نہیں ہے۔ میں نے شام، ترکی اور یورپ کی لائبریریاں بھی دیکھی ہیں اور میں کہہ سکتا ہوں کہ یہ ان تمام لائبریریوں سے زیادہ عمدہ ذخیرے کی حامل ہے۔"

اس لائبریری میں ۲۰ ہزار مخطوطے، ۵ ہزار منی ایچر پینٹنگس، ۳ ہزار اسلامی خطاطی کے نایاب نمونے اور ۸۰ ہزار مطبوعہ کتابیں ہیں جن میں سنسکرت، ترکی، تمل اور ہندی کتابیں بھی شامل ہیں اور ایسے نوادرات بھی ہیں جن کی نظیر دنیا کے کتب خانوں میں نہیں ملتی۔ علوم و معارف کے اس قدیم خزینے کو دیکھ کر کویت میوزیم کے سابق ڈائریکٹر نے کہا کہ کویت میوزیم سے زیادہ نایاب اور قیمتی مخطوطات یہاں ہیں۔ تاریخ، فلسفہ، مذاہب، سائنس، آرٹ، ادب، طب، فلکیات، نجومیات، ریاضیات، طبقات الارض، فنون لطیفہ سے متعلق مخطوطات ہیں۔ جس کی تفصیلات مولانا امتیاز علی خاں عرشی کی ۶ جلدوں پر محیط عربی مخطوطات کی فہرست، حافظ احمد علی شوق کی مرتب کردہ فہرست اور حکیم محمد

حسین خاں شفا کی مخطوطات رام پور میں دیکھی جاسکتی ہیں۔ یہ واحد کتب خانہ ہے جہاں اونٹ کے چمڑے پر لکھا ہوا کوفی رسم الخط میں قرآن کریم کا ایک نسخہ ہے جو حضرت علی سے منسوب ہے۔ بغداد کے وزیر اعظم ابن مقلہ کا لکھا ہوا قرآن کریم کا ایک نسخہ صرف یہاں محفوظ ہے۔ اس کے علاوہ راج کمار منوہر اور راج کماری مدھومالتی کی داستان عشق پر مبنی ملک منجن کی مدمالتی اور ملک محمد جائسی (۱۵۴۲-۱۶۶۴) کی اودھی زبان میں لکھی ہوئی مشہور عشقیہ داستان پدماوت کی مکمل کاپی صرف یہیں محفوظ ہے۔ مولانا امتیاز علی خاں عرشی کے بقول جو اس لائبریری کے ناظم تھے۔ "اس لائبریری کی سب سے پرانی کتاب قرآن مجید کا ایک نسخہ ہے، جسے بغداد کے وزیر اعظم ابن مقلہ (ابو علی محمد بن علی بن حسن بن عبداللہ بن مقلہ بیضاوی، ۲۷۲ ہجری میں بغداد میں پیدا ہوئے۔ ۳عباسی خلفا مقتدر باللہ، قاہر باللہ اور راضی باللہ کے دور میں وزارت عظمیٰ کے عہدے پر فائز رہے، حاسدین کی وجہ سے جیل میں ان کے ہاتھ کاٹ ڈالے گئے مگر اس کے باوجود وہ اپنے بازو کے ساتھ قلم باندھ کر خطاطی کرتے تھے۔ ثلث، ریحان، محقق، توقیع، نسخ اور رقع انہی کی ایجاد ہے۔ ابجد کی نئی ترتیب بھی ان ہی کی دین ہے۔ راضی باللہ کے عہد میں اس نابغہ عصر کو قتل کر دیا گیا۔ ح ا) نے ۹۳۹ء سے دو تین سال پہلے لکھا تھا۔ یہی وہ شخص ہے، جس نے کوفی خط کو ایسا موڑ دیا کہ موجودہ خط نسخ پیدا ہو گیا۔ تذکرہ نگاروں نے بتایا ہے کہ ابن مقلہ نے اپنی زندگی میں قرآن مجید کی صرف دو کاپیاں تیار کی تھیں۔ رضا لائبریری کی خوش قسمتی ہے کہ ان میں سے ایک یہاں محفوظ ہے۔ ماہرین کا خیال ہے کہ صرف ایک یہی نسخہ ہزارہا پونڈ قیمت کا ہے۔ یہ نسخہ اس لحاظ سے بھی نادر ہے کہ کاغذ پر لکھی ہوئی کتاب کا بہت پرانا نمونہ ہے۔ قرآن مجید کی جو تفسیریں دنیا میں موجود ہیں، ان میں سب سے پرانی امام سفیان ثوری کی تفسیر ہے، اس کتاب کا یکتا نسخہ بھی یہاں موجود

ہے۔ اس کی اہمیت کے پیش نظر حکومت ہند کی مدد سے لائبریری نے ابھی حال ہی میں اسے شائع کر دیا ہے۔ آٹھویں صدی عیسوی کا ایک عرب شاعر جریر بن عطیہ ہے۔ اس کا دیوان کئی بار چھپ چکا ہے، مگر رضا لائبریری میں اس کی جو کاپی محفوظ ہے اس میں ابن حبیب بغدادی کی مفصل شرح بھی شامل ہے۔ جو لوگ ابن حبیب بغدادی سے واقف ہیں، وہ اس شرح کی اہمیت کو پہچان گئے ہوں گے۔ فارسی قلمی کتابیں بھی اپنی تعداد اور حسن وخوبی کے لحاظ سے عربی کے ہم پلہ ہیں ان میں خصوصیت کے ساتھ تصوف، طب، تاریخ اور ادب پر اتنی اور ایسی ایسی کتابیں محفوظ ہیں کہ کوئی تحقیقی کام کرنے والا بھی ان سے بے نیاز نہیں ہو سکتا۔ مثلاً "تفسیر طبری" کے فارسی ترجمے کی پہلی جلد یہاں ہے، جو اپنی قدامت اور خوشخطی دونوں کے لحاظ سے ایک قیمتی ہیرا ہے۔ "تفسیر زاہدی" فارسی نثر کے پرانے نمونوں میں شمار ہوتی ہے۔ اس کے تین مکمل نسخے یہاں ہیں، جو خط بہاری کے بھی عمدہ نمونے مانے جاتے ہیں۔ کلیات سعدی، کلیات خسرو اور شاہنامہ فردوسی کے بھی بہت اعلیٰ اور پرانے نسخے محفوظ ہیں۔ عہد فیروز شاہی کی ایک فارسی کتاب محفوظ ہے، جو ہے تو فن ریاضی پر مگر اس سے یہ بھی معلوم ہوتا ہے کہ اس زمانے میں دفتری اصطلاحیں کیا تھیں اور مختلف انتظامی عہدوں کے فرائض کیا قرار دیے گئے تھے۔ اس کا نام "دستور الالباب فی علم الحساب" ہے۔ اس کی قدر و قیمت کی ہی وجہ ہے کہ آسٹریلیا تک سے اس کے مائیکرو فلم طلب کیے گئے ہیں۔ طب کی مشہور کتاب "ذخیرۂ خوارزم شاہی" (ایران کے نامور طبیب سید اسمٰعیل جرجانی کا یہ طبی انسائیکلوپیڈیا ابن سینا کے القانون کی طرح ہے، جس میں منافع الاعضا، تشریح الاعضا، علم الجنین، تشخیص، سلعات، سرطانات، حفظان صحت اور دیگر طبی موضوعات ومباحث ہیں۔ ح الف) کا ایک ایسا نسخہ یہاں محفوظ ہے، جو مؤلف کے انتقال سے صرف ۳۴ برس بعد ۵۶۵ھ میں لکھا

گیا ہے۔ اردو کی قلمی کتابیں اگرچہ تعداد میں عربی و فارسی سے کم ہیں، مگر قدر و قیمت کے اعتبار سے کسی طرح کم وزن نہیں۔ دیوان زادہ شاہ حاتم، کلیات میر، کلیات سودا، کلیات جرأت، کلیات حسن، دیوان سوز اور دیوان غالب کے بڑے اہم مخطوطے یہاں ملتے ہیں۔ انشا کی "رانی کیتکی کی کہانی" کے دو قلمی نسخے یہاں محفوظ تھے، جن کی مدد سے اس کہانی کا صحیح ترین ایڈیشن تیار کیا جا سکا۔ یہاں غالب کا وہ اردو دیوان بھی موجود ہے، جسے غالب نے ۱۸۵۷ سے کچھ قبل مرتب کر کے نواب صاحب رام پور کو تحفے میں پیش کیا تھا۔ ہندی کی قلمی کتابوں میں بھی بہت سے نایاب نسخے ہیں۔ ملک منجن کی "مدمالتی" کی پوری کاپی صرف یہاں ہے۔ ملک محمد جائسی کی "پدماوت" کی جو کاپی یہاں ہے، وہ "پدماوت" پر کام کرنے والوں کے نزدیک بڑی قیمتی ہے، اس لیے کہ اس میں ہر لفظ کا صحیح تلفظ بتایا گیا ہے اور سطروں کے بیچ میں ہر ہندی لفظ کے فارسی معنی لکھے گئے ہیں۔ اس سے یہ پتہ چل جاتا ہے کہ اب سے تین سو سال پہلے "پدماوت" کو کیسے پڑھا گیا تھا اور اس کا کیا مطلب سمجھا گیا تھا۔ سید غلام نبی رسلین بلگرامی کی "انگ درپن" اور شاہ محمد کاظم کی "نعمات الاسرار" اور شاہ عالم ثانی کی "نادرات شاہی" بھی رضا لائبریری کی دستار کا پھول ہیں۔"

رامپور رضا لائبریری میں رشید الدین فضل اللہ کی منگول قبائل کی تاریخ پر محیط جامع التواریخ، شاہنامہ فردوسی، دیوان حافظ، سنسکرت کے پنچ تنتر کا عربی ترجمہ کلیلہ و دمنہ کے مصور نایاب مخطوطے ہیں۔ فارسی نستعلیق میں بالمیکی کی رامائن اور بھگوت گیتا کی ۱۳ خطی جلدیں ہیں۔ فارسی میں رامائن کا مصور نسخہ دیکھ کر ہندوستان میں سنگاپور کے سفیر نے کہا کہ انہوں نے رنگین تصویروں والی ایسی قدیم کتاب نہیں دیکھی ہے۔ اس لائبریری میں مشہور رومانی رزمیہ شاعر حکیم نظام الدین ابو محمد الیاس نظامی گنجوی (۱۱۴۰-۱۲۰۲) کی خمسہ نظامی گنجوی بھی ہے جس میں مخزن الاسرار، مثنوی خسرو و

شیریں، لیلیٰ و مجنوں، ہفت پیکر، سکندر نامہ پانچ مثنویاں ہیں جس کی وجہ سے یہ خمسہ کہلاتی ہے اور وہ دیوان جامی بھی جس پر شہنشاہ اکبر کی ماں علی اکبر کی بیٹی حمیدہ بانو بیگم کی مہر ثبت ہے۔ نفحات الانس کا وہ نسخہ بھی اسی کتب خانے میں ہے جس کے سرورق پر بقول مولانا عرشی "داراشکوہ کی دو دستخطی تحریریں ثبت ہیں، جن سے معلوم ہوتا ہے کہ اس نے خود اس کتاب کی تصحیح کی ہے اور دوسری بار جب اس کا مطالعہ کیا ہے تو اس وقت وہ نوشہرہ (صوبہ سرحد) میں مقیم تھا۔ یہ زمانہ وہی ہے جبکہ داراشکوہ (۱۶۵۹-۱۶۱۵) سکینتہ الاولیا لکھنے میں مصروف تھے۔ اس سے یہ قیاس کیا جاسکتا ہے کہ اس نے نفحات کے اسی نسخے کو اپنی تصنیف میں پیش نظر رکھا تھا۔" مشہور رباعی گو منازل السائرین، زاد العارفین، کتاب اسرار کے مصنف اور مناجات کے لیے معروف خواجہ عبداللہ انصاری (۱۰۸۸-۱۰۰۶) کا رسالہ خواجہ عبداللہ انصاری بھی ہے جس کے آخری صفحے پر شاہ جہاں کی بڑی بیٹی جہاں آرا بیگم (۱۶۸۱-۱۶۱۴) کے دستخط ثبت ہیں اور یہ وہی نسخہ ہے جو شہنشاہ جہانگیر کے بیٹے السلطان الاعظم و الخاقان المکرم ابوالمظفر شہاب الدین محمد صاحبقرانی ثانی شاہجہاں (۱۶۶۶-۱۵۹۲) نے جہاں آرا کو دیا تھا۔ صد پند لقمان جیسی اہم کتاب بھی، جو ہرات کے میر علی (م ۱۵۴۴) جیسے خطاط کے خط نستعلیق میں ہے۔ مولانا امتیاز علی عرشی کے بقول پہلے مغل بادشاہ بابر (۱۵۳۰-۱۴۸۳) کی ترکی نظموں کا وہ مجموعہ بھی یہاں موجود ہے جسے اس نے خود پڑھ کر درست کیا اور آخر میں اپنے قلم سے ایک رباعی کا اضافہ کر دیا۔ اس کے شروع میں بیرم خاں کی تحریر اور آخر میں شاہجہاں کی تصدیق ہے۔"

رضا لائبریری کا ایک امتیاز یہ بھی ہے کہ یہاں مغل، ترک، راجپوت، پہاڑی، اودھ اور فارسی پینٹنگس کے نایاب نمونے بھی ہیں۔ خاص طور پر جلال الدین محمد اکبر کے

بیٹے نور الدین سلیم جہانگیر (۱۵۶۹-۱۶۲۷) کی وہ پینٹنگ ہے جس میں وہ جھروکے سے باہر دیکھ رہے ہیں۔ ۱۷ویں اور ۱۹ویں صدی کے بہت سے پورٹریٹس ہیں جو ہندوستانی آرٹ کے شائقین کے لیے نمونہ حیرت بھی ہیں۔ Barbara Schmitz اور Ziyaud-Din A Desai نے رضا لائبریری میں مصور مخطوطوں اور مغل اور فارسی پینٹنگس کے تعلق سے ۲۷۶ صفحات پر مشتمل ایک کتاب تحریر کی ہے جس سے اندازہ ہوتا ہے کہ رضا لائبریری میں مصوری کے ایسے نادر و نایاب نمونے ہیں جو یقیناً ہندوستانی آرٹ کو ایک نئی سمت سے آشنا کر سکتے ہیں۔ Indian Paintings Under the Mughal کے مصنف Percy Brown نے ۲۲/ ستمبر ۱۹۱۷ میں جب اس لائبریری میں مصوری کے شاہکار دیکھے تو انہوں نے کہا یہ تصویریں مسرت کا سرچشمہ ہیں اور ان میں بعض نایاب اور نادر ہیں۔

رضا لائئریری میں بقول سید احمد رامپوری فنان و خطاط "مشاہیر خطاطین کی نایاب وصلیاں بھی ہیں، جن میں میر علی ہروی، محمود شہابی، میر عماد، آقا عبد الرشید دیلمی، سید علی خاں حسینی جواہر رقم، حافظ نور اللہ، خلیل اللہ، محمد معز الدین محمد حسینی، محمد حسین کشمیری زریں قلم کے نام اہم ہیں۔ سید احمد ہی کے مطابق "رام پور رضا لائبریری میں میر علی ہروی کی وہ نادر نایاب وصلیاں محفوظ ہیں، جو دبستان ہرات اور دبستان بخارا میں تیار ہوئیں۔ ہرات کے نقش و نگار پر اصفہانی تزئین کاری کا غلبہ ہے اور بخارا کی وصلیوں پر ازبکستانی فن کا غلبہ۔" اسی تعلق سے رضا لائبریری کے افسر بکار خاص ڈاکٹر وقار الحسن صدیقی نے 'خط کی کہانی تصویروں کی زبانی' کے مقدمے میں لکھا ہے کہ "رام پور رضا لائبریری میں خوش نویسان قدیم سلطان علی مشہدی، میر علی ہروی، میر عماد الحسن، محمد حسین کشمیری، آغا عبد الرشید دیلمی، عبد الباقی حداد اور دوسرے نامور خوش نویسان جن

کی تعداد ۴۰۰ سے زیادہ کی ڈھائی ہزار سے زیادہ نادر و نایاب وصلیاں محفوظ ہیں، جو کبھی شاہان مغلیہ کے کتب خانوں کی زینت تھیں۔"

اسی لائبریری میں فلکیاتی آلات بھی ہیں، قبل جدید عہد کے تقریباً ۱۸ ایسے فلکیاتی آلات ہیں جن سے سائنس اور ٹکنالوجی کی تاریخ کی تشکیل کے سلسلے میں ہمیں مدد مل سکتی ہے۔ خاص طور پر السراج دمشقی، ضیاء الدین محمد، محمد ابن جعفر کے گلوب، جمال الدین محمد علی الحسینی کا جیب الزاویہ، مرزا افضل علی کا شب نما و روز نما اور اصطرلاب دائرہ نما موجود ہیں۔ Sreeramula Rajeswara Sarma نے Astronomical instruments in the Rampur Raza Library میں ساری تفصیلات درج کی ہیں۔

کسی بھی ادارے کی عظمت اور وقعت کا معیار اس سے وابستہ افراد بھی ہوتے ہیں۔ اس باب میں بھی رضا لائبریری کو اختصاص حاصل ہے کہ وہاں سے ممتاز مجاہد آزادی اور جامعہ ملیہ اسلامیہ کے پہلے چانسلر مسیح الملک حکیم محمد اجمل خاں (۱۸۶۳-۱۹۲۷) کی وابستگی رہی ہے۔ جنہوں نے کتب خانے کے افسر اعلیٰ کی حیثیت سے طب کی نادر کتابیں جمع کیں اور کتب خانے کے وقار میں اضافہ کیا۔ تذکرہ کاملان رامپور اور تاریخ کتاب خانہ رضا کے مصنف حافظ احمد علی خاں شوق (۱۸۶۳-۱۹۳۲)، تاریخ اودھ اور اخبار الصنادید کے مصنف علامہ نجم الغنی خاں، ممتاز محقق مولانا امتیاز علی خاں عرشی (۸/ دسمبر ۱۹۰۴- ۲۵/ فروری ۱۹۸۱) جیسی علم و فضل میں بے مثال ہستیاں بھی بحیثیت ناظم کتب خانہ رضا لائبریری سے وابستہ رہی ہیں۔ مولانا امتیاز علی خاں عرشی نے ۳۱/ جولائی ۱۹۳۲ میں ناظم کتب خانہ کی حیثیت سے عہدہ سنبھالا تھا اور اپنی مدت کار میں انہوں نے ابو عبید القاسم بن سلام الہروی بغدادی کی کتاب الاجناس کی تدوین و تصحیح کے بعد اشاعت کا اہتمام کیا۔

اس کے علاوہ مجالس رنگیں (سعادت یار خاں رنگیں)، سید علی احمد یکتا کی تصنیف دستور الفصاحت (فارسی)، جلال الدین شاہ عالم ثانی کے مجموعہ کلام نادرات شاہی، دیوان الحادرہ (عربی)، کنور پریم کشور فراقی کی وقائع عالم شاہی، دیوان غالب، مرزا محمد حارث بدخشی دہلوی کی تاریخ محمدی اور تاریخ اکبری کی اشاعت انہی کے دور میں عمل میں آئی۔ اس کے علاوہ انہوں نے ہی امام سفیان بن سعید بن سرور الثوری الکوفی کی تفسیر القرآن کریم، انشاء اللہ خاں انشا(۱۷۵۷-۱۸۱۷) کی رانی کیتکی کی کہانی اور ان کی غیر منقوط کتاب سلک گوہر کی اشاعت کا اہتمام کیا۔ منشی امیر احمد امیر مینائی کا تعلق بھی اس کتب خانے سے رہا ہے۔ خط نسخ کے ماہرین مرزا غلام رسول، مرزا احمد حسن اور خط نستعلیق کے ماہر میر عوض علی عدیل ملیح آبادی بھی اس کتب خانے سے جڑے رہے ہیں جن کی وجہ سے فن خطاطی کو نہ صرف نئی جہت ملی، کتابوں کی تزئین کاری کے نئے امکانات روشن ہوئے بلکہ خوش نویسی کے فن کو بھی فروغ حاصل ہوا۔ ایسے تزئین کاروں اور خوش نویسوں میں مولوی الٰہی بخش مرجان رقم، حکیم محمد مرتضیٰ، مولوی کریم اللہ خاں لودھی، میر ناظر علی، میر رجب علی اور میر احمد حسن الحسینی، سید عزت علی، مہدی مرزا، محمد اکبر، محمد عبید اللہ، جلیل احمد خاں، سید سعادت علی کے نام لیے جاسکتے ہیں۔ ان لوگوں کی تزئین کاری اور تذہیب کاری کی وجہ سے لائبریری کی وقعت میں اضافہ ہوا۔

رضا لائبریری میں شعبہ اشاعت بھی قائم ہے جس کے زیر اہتمام بہت سی نادر و نایاب کتابوں اور مخطوطوں کی اشاعت عمل میں آئی۔ رضا لائبریری سے شائع ہونے والی بیشتر کتابیں حوالہ جاتی حیثیت کی حامل ہیں۔ محققین اور ناقدین کو ان کتابوں سے کافی رہنمائی ملتی رہی ہے۔ ان کتابوں میں وقائع عالم شاہی (فارسی)، تاریخ اکبری (فارسی)، تاریخ محمدی (مرزا رستم بدخشانی مرتبہ نثار احمد فاروقی)، انگ درپن، اخبار الصنادید، تاریخ

شاہیہ نیشاپوریہ، واقعات مشتاقی (شیخ رزق اللہ مشتاقی انگریزی ترجمہ و ترتیب: پروفیسر اقتدار حسین صدیقی اور وقار الحسن صدیقی)، فرہنگ قوّاس، یقظۃ النائمین (شاہ حامد ہرگامی)، مدھومالتی، دستور الفصاحت کے علاوہ اوراق گل، مکاتیب شاہ ولی اللہ (مرتب نثار احمد فاروقی)، اردو زبان اور لسانیات (پروفیسر گوپی چند نارنگ)، گھومتی ندی (وارث کرمانی)، اردو شاعری کے نیم وا دریچے (وارث کرمانی)، ۱۹ویں صدی کے اردو اخبارات (ڈاکٹر شعائر اللہ خاں)، سرگذشت دہلی (درخشاں تاجور)، رامپور کا دبستان شاعری (شبیر علی خاں شکیبؔ)، ادب گاہ رامپور (ہوش نعمانی)، فلسفہ الہندیہ القدیمہ (مولانا عبد السلام خاں)، خط کی کہانی تصویروں کی زبانی (سید احمد رامپور، فنان و خطاط) رام پور رضا لائبریری (مونو گراف ۱۵۱ وقار الحسن صدیقی) رام پور رضا لائبریری کی علمی وراثت جیسی کتابیں شامل ہیں۔ ۱۶/ اگست ۱۹۹۳ سے ممتاز آرکیالوجسٹ ڈاکٹر وقار الحسن صدیقی نے افسر بکار خاص کی حیثیت سے عہدہ سنبھالتے ہی لائبریری کی اشاعتی سرگرمیاں تیز کر دی ہیں اور مخطوطات اور نوادرات کے تحفظ کے لیے بھی کوششیں کی ہیں۔ لائبریری کی ترتیب اور تنظیم نو میں ان کی مساعی جمیلہ ناقابل فراموش اور قابل تحسین ہیں۔ وقار الحسن صاحب کی دلچسپی اور لگن کی وجہ سے ہی لائبریری کا ترجمان "رضا لائبریری" جرنل کے نام سے تواتر کے ساتھ شائع ہو رہا ہے جس میں نہ صرف متنوع موضوعات ہوتے ہیں بلکہ مختلف ادبیات کے حوالے سے گرانقدر تحقیقی مضامین کی شمولیت ہوتی ہے۔ نئے تحقیقی انکشافات اور نئی جہتوں کی جستجو اس مجلے کا امتیاز ہے۔ جرنل سے ہندوستانی تہذیب و تاریخ کے تعلق سے معلومات میں اضافہ ہوتا ہے اور رضا لائبریری رام پور کی علمی و تحقیقی پیش رفت کا بھی پتہ چلتا ہے۔ جرنل کے شمارہ ۱۳، ۱۲ کی فہرست سے اس کے تنوع کا احساس ہوتا ہے۔ فارسی ادبیات، اردو ادبیات، تحفظ مخطوطات، اسلامیات،

غالبیات، اودھ اور روہیل کھنڈ، شخصیات، وفیات کے ذیلی ابواب کے تحت قیمتی نگارشات شامل ہیں۔ وقار الحسن صدیقی نے تاریخی، تہذیبی وراثت کے تحفظ کے لیے گرانقدر کوششیں کی ہیں اور لائبریری کو بقول مشفق خواجہ ایک عظیم الشان علمی ادارے میں تبدیل کر دیا ہے جہاں اسکالرز مختلف موضوعات پر کام کرتے ہیں اور کچھ اسکالرز مخطوطات کی فہرست سازی اور نوادرات کے تحفظ میں بھی مصروف ہیں۔ مختلف موضوعات پر سیمینار بھی کرائے جاتے ہیں جس سے تاریخ اور تہذیب کی نئ صورتیں اور شکلیں سامنے آتی ہیں۔

یہ لائبریری اتنی اہمیت اور معنویت کی حامل ہے کہ اس کے نوادرات مخطوطات کے حوالے سے مشاہیر نے مضامین لکھے ہیں، جن میں قاضی احمد میاں اختر جوناگڑھی کا کتب خانہ رامپور 'معارف' اعظم گڑھ (مارچ ۱۹۲۹)، سید ہاشم ندوی رام پور اور لکھنؤ کے کتب خانے کی سیر اور اس کی روداد 'معارف' اعظم گڑھ (۱۹۲۹)، مہدی خواجہ کا کتاب خانہ رضا رامپور جنرل آف عربک اینڈ پرشین انسٹی ٹیوٹ خاص طور پر قابل ذکر ہیں۔

رام پور کی رضا لائبریری دراصل کوہ نور ہیرا کی مانند ہے، وہی کوہ نور جو اس سرزمین کے راجہ سروا کے پاس تھا، جو شاید مہابھارت کی جنگ میں مارے گئے تھے۔

(۹) رامپور کی ۲۵۰ سالہ قدیم شہرت یافتہ عالیہ لائبریری

زیشان مراد

آخر کار وہ لمحہ آہی گیا جب رامپور کے علمی و ادبی و دانشور طبقہ نے راحت محسوس کی۔ ۲۵۰۰ سال قدیم شہرت یافتہ مدرسہ عالیہ کی لائبریری میں برباد ہو رہی نادر و نایاب کتب کی جانب سے وزیر برائے شہری ترقیات محمد اعظم خان نے اپنی توجہ مرکوز کی اور قومی، علمی و ادبی ورثہ کے تحفظ کیلئے احکامات جاری کئے۔ اعظم خان کے اس اقدام سے اہل علم، ادب و دانش کو ذہنی اذیب سے نجات حاصل ہوئی ہے۔ جو وقت پر ان نادر و نایاب کتب کے تحفظ کیلئے فکر مندی کا اظہار کرتے رہے ہیں۔

کابینی وزیر کے احکامات کے بعد مدرسہ ہذا اور دیگر مدارس کے اساتذہ کے ذریعہ کتب کی صفائی، ورق گردانی اور موضوع کے اعتبار سے فہرست سازی کا کام شروع ہو گیا ہے۔ مدرسہ عالیہ کے استاذ رحمن لطیف خان کے مطابق ان کتب میں بہت ہی قدیم نادر و نایاب نسخے موجود ہیں جو ملک میں کسی دوسری جگہ دستیاب نہیں۔

واضح رہے کہ گذشتہ اتوار کی شب میں کابینی وزیر اچانک مدرسہ عالیہ پہنچے اور جب پرنسپل سے لائبریری کھلوا کر دیکھا تو حیرت زدہ رہ گئے کہ نادر و نایاب کتب کو دیمک چاٹ رہی ہے۔ انہوں نے پرنسپل ہمانشو گپتا کو احکامات دئے کہ لائبریری کی کتاب کو دیگر مدارس کے اساتذہ کے تعاون سے درست کرائیں۔ ورق گردانی کے بعد دھوپ دکھائی جائے، بعد ازاں فہرست سازی کر کے سلیقہ سے الماریوں میں رکھا جائے۔ اعظم

خان نے کہا کہ کتابوں کو الماریوں میں رکھنے سے قبل اچھی طرح سے کمرے والماریوں کی صفائی کرائی جائے اور دیمک کی دوا بھی چھڑکی جائیں۔

پرنسپل نے اگلے روز سے کام کا آغاز کرادیا جو جاری ہے۔ آج اسکول انسپکٹر مایا دیوی یادو اور ضلع اقلیتی بہبود افسر آر پی سنگھ مدرسہ عالیہ پہنچے اور اساتذہ کے ذریعہ تحفظ کتب کے تعلق سے کئے جانے والے کام کا جائزہ لیا۔ محمد اعظم کے ذریعہ اٹھائے جارہے اس قدم کی اہل ادب اور اردو داں حضرات نے ستائش کی ہے لیکن ساتھ ہی کچھ لوگوں کا یہ بھی کہنا ہے کہ اس کے مکمل تحفظ کیلئے کیٹلاکنگ کرائی جائے اور لائبریری میں آنے والے اخراجات کیلئے خاطر خواہ رقم بھی مدرسہ عالیہ کو دی جائے تاکہ لائبریری کی مکمل حفاظت ہوسکے اور آئندہ یہ کتابیں محفوظ رہ سکیں۔

بشکریہ: انقلاب نیوز نیٹ ورک / ذیشان مراد (۱۱/ اپریل ۲۰۱۳ء)

(۱۰) کتب خانہ محمدیہ اور ممبئی کی منتشر یادیں

عبد المتین منیری (بھٹکل)

جامع مسجد ممبئی کے جواں سال مفتی محمد اشفاق صاحب نے اطلاع دی ہے کہ جامع مسجد کے ماتحت جاری کتب خانہ محمدیہ ایک طویل عرصہ بعد نئے حوصلے اور آن بان کے دوبارہ کھل رہاہے اور فرمائش کی ہے کتب خانہ کے تعلق سے اپنی منتشر یادوں کو پیش کروں۔ اپنی یہ بساط کہاں لیکن ایسی مبارک ساعت کے موقعہ پر ہم جیسے بے توقیر چند باتوں کے ساتھ شریک ہوں تو آخر مضائقہ بھی کیاہے؟

۱۹۷۴ء میں جب ہماری فراغت ہوئی تو تایا محترم محی الدین منیری صاحب نے عید الفطر کے بعد ہمیں یہ کہ کر ممبئی بھیج دیا کہ کچھ وقت مسجد اسٹریٹ میں واقع ان کی کتابوں کی دکان ایجنسی تاج کمپنی میں دوں اور زیادہ تر وقت اپنی عربی زبان کی صلاحیت درست کرنے کے لئے ممبئی کے کتب خانوں کی چھان ماروں۔ اس سلسلے میں انہوں نے اپنے وسائل کو استعمال کرتے ہوئے پہلے انڈو عرب سوسائیٹی لے گئے جہاں محدود تعداد میں عربی پرچے آتے تھے، کچھ دنوں بعد نجمۃ ھبت اللہ صاحبہ یہاں پر سکریٹری کی حیثت سے ہمیں ملی تھیں۔ پھر چرچ گیٹ میں واقع کویتی قنصل خانے کے ماتحت ثقافتی سنٹر لے گئے، جہاں پر عالم عرب کے ہر علاقے سے اخبارات اور پرچے آتے تھے اور کثیر تعداد میں عرب طلبہ اور ممبئی آنے والے عرب حضرات مغرب بعد آتے تھے، اس وقت سلیمان نامی قنصل خانے کے ثقافتی اتاشی اس کے انچارج اور ہم پر بڑے مہربان تھے، بعد

میں یہیں سے عربی اخبارات اور پرچوں کے پتے لے لے کر ہم نے کتب خانہ جامعہ اسلامیہ بھٹکل کے نام پر کئی سارے روزنامہ اخبارات الاتحاد ابوظبی، القبس کویت، عمان مسقط اور ڈھیر سارے ہفتہ وار اور ماہانہ مجلات جاری کروائے تھے، کئی ایک طلبہ کے نام پر ماہانہ الوعی الاسلامی کویت اور التربیۃ الاسلامیہ بغداد بھی جاری ہوا تھا، جنہیں طلبہ بڑے شوق سے دیکھتے تھے۔ اس کے بعد منیری صاحب توجہ سے وابستہ سرگرمیوں میں مصروف ہوگئے اور ان کی حج سے واپسی کے کچھ عرصہ بعد تک ممبئی کے علمی مراکز میں گھومنے پھرنے اور یہاں کی علمی وادبی سرگرمیوں کو قریب سے دیکھنے کا موقع ہمیں مل گیا ،اس دوران ماہ محرم الحرام اور ربیع الاول بھی آگیا جو ممبئی کے مسلمانوں کے لئے اس دور میں بہت معنی رکھتا تھا۔

انہی دنوں ہمارا کامبیکر اسٹریٹ میں اسلامی ہند کے عظیم مورخ مولانا قاضی اطہر مبارکپوری رحمۃ اللہ علیہ کی رہائش گاہ مرکز علمی بھی جانا آنا شروع ہوا۔ قاضی صاحب اس زمانے میں انجمن اسلام ہائی اسکول میں دینیات پڑھاتے تھے اور احوال ومعارف کے عنوان سے روزنامہ انقلاب میں روزانہ کالم لکھا کرتے تھے، وہ ماہنامہ البلاغ میں ہمارے تایا کے شریک مدیر اور جمعیت علمائے ہند مہاراشٹر کے صدر بھی تھے۔ مرکز علمی کیا تھا ایک کمرہ، جس کے ایک کونے پر کھٹیا رکھی ہوئی تھی، دوسری طرف دو ایک کتابوں کی الماریاں اور دو ایک چٹائیاں جن پر دری بچھی ہوئی تھی، قاضی صاحب کی یہی کچھ کائنات تھی، علمی مرتبہ اور مقام کی وجہ سے یہاں پر آپ سے ملنے بڑے بڑے اہل علم روز آیا کرتے تھے۔

قاضی صاحب کے مرکز علمی سے چند قدم پر ممبئی کی قدیم تاریخی جامع مسجد کھڑی تھی، یہ مسجد ایک تالاب پر کھمبوں پر اس طرح قائم کی گئی تھی کہ تالاب میں وضو کرنے

والے کا چہرہ قبلہ کی طرف ہو۔اس مسجد کی تعمیر کا آغاز ۱۷۷۵ء میں قصاب برادری کے چند لوگوں نے کیا تھا، لیکن اقتصادی زوال کی وجہ سے اس کی تکمیل کا کام کوکنی برادری کے ایک تاجر ناخدا محمد علی روگھے کے ہاتھوں ۱۸۰۸ء میں ہوئی۔

مسجد کے مین دروازے کے دائیں طرف ایک ہال واقع تھا جس میں مسجد انتظامیہ کے ماتحت مکتبہ محمدیہ قائم تھا، دروازے میں داخل ہوتے ہوئے پہلے سامنے سر کے اوپر ایک چوکور فریم میں حضور اکرم صلی اللہ علیہ وسلم کی طرف منسوب رومال نظر آتا، جو ہم جیسے بے نواؤں کے لئے نیک شگون بنتا۔

یہاں ایک بڑی میز تھی، جس سے کچھ ہٹ کر ایک چھوٹی سی میز تھی، جس کے پاس کرسی پر ایک دھان پان دبلے پتلے بزرگ بیٹھے نظر آتے، دیکھنے میں بالکل سیدھے سادھے سے، چہرے پر مختصر سی خشخشی ڈاڑھی، لیکن شخصیت میں بے پناہ اپنائیت تھی، ان کی جوانی میں جب مہاراشٹرا حکومت کا سکریٹریٹ سچیوالیہ اپنی نئی جگہ منتقل نہیں ہوا تھا تو آپ پورٹ بندر پر واقع سرکاری دفتر میں ملازمت سے وابستہ تھے، سنا ہے اس زمانے میں بڑے خوش پوشاک ہوا کرتے تھے، ان کے جسم پر شیروانی خوب سجا کرتی تھی، لیکن اب رٹائرڈ ہو کر مکمل اسی کتب خانے کے لئے وقف ہوگئے تھے، یہ تھے مخارج قرآن کے ماہر اور استاد قاری اسماعیل کاپرے۔

سنا ہے انہیں جوانی میں ٹی بی کا عارضہ ہوگیا تھا، اس زمانے میں یہ بڑا مہلک اور متعدی مرض شمار ہوتا تھا، لوگ مریض کے قریب آتے ہوئے خوف کھاتے تھے، لیکن جب آپ نے خود کو قرآن سکھانے کے لئے وقف کردیا تو اللہ نے اس کی برکت سے اس بیماری سے آپ کو شفا بخشی۔ ان کے ایک شاگرد تھے نام تھا ان کا قاسم، وہ دوران درس احتراما آپ کا جھوٹا پانی ہنسی خوشی پیتے تھے، بعد میں انہوں نے کاتب قرآن کی حیثیت

سے نام کمایا، انہیں دوبار حضور اکرم صلی اللہ علیہ سے خواب میں زیارت نصیب ہوئی تھی ،وہ کہتے تھے کہ یہ سب اپنے شیخ کے احترام و پاسداری کی برکت ہے۔ قاری صاحب کے پاس بڑے بوڑھے تجوید سیکھنے کے لئے آتے تھے، بھٹکل کے لوگوں میں نواب ایاز مسجد کے بزرگ امام عبد الرزاق خجندی اور ڈاکٹر سید محمد قاسم پیرزادے مرحوم قابل ذکر ہیں۔

ممبئی میں جن علماء و اکابر نے اصلاحی تحریک چلائی، اپنی وعظ کی مجالس سے یہاں کی فضاؤوں کو معطر کیا ان میں ایک اہم نام مولانا قاری ودود الحی نفیس لکھنوی رحمۃ اللہ علیہ کا ہے، ایسے قاری اور جامع الصفات خطیب روزروز پیدا نہیں ہوا کرتے، آواز میں اللہ نے بلا کا سوز اور حسن دیا تھا، تلاوت کرتے تو ایسا لگتا کہ جیسے قرآن کا نزول ہو رہا ہے، ادبی و شعری ذوق بھی بلا کا پایا تھا، افسوس کے ممبئی کی فضاؤوں میں ان کی تقریریں بکھر کر رہ گئیں، کہیں ان کی ریکارڈنگ ڈھونڈے سے نہیں ملتی۔ آپ کی آواز میں تلاوت کے گراموفون کے ریکارڈ ایک کمپنی بنائے تھے، اب وہ بھی ناپید ہیں، ڈھونڈے سے نہیں ملتے، شخصیت ایسی تھی کہ ہاتھ کی انگلیوں پر گنے جانے والے اردو کے نامور خطیبوں میں آپ کا شمار ہونا چاہئے۔ یہی قاری ودود الحی صاحب کہا کرتے تھے کہ قاری کاپرے جس مجلس میں ہوں وہاں تلاوت کرتے ڈر لگتا ہے کہ کسی مخرج کی غلطی کو پکڑ نہ لیں۔ لیکن قاری کاپرے جامع مسجد کے بزرگ امام مولانا غلام محمد خطیب کے گرویدہ اور ان کے تلفظ و انداز تلاوت پر فدا تھے، مولانا شوکت علی صاحب کی ۱۹۷۰ء کی دہائی میں تقرری آپ ہی کے معاون کی حیثیت سے ہوئی تھی۔

قاری کاپرے کو بھٹکل والوں سے انس تھا، یہاں کی جن شخصیات کا وہ بہت احترام کرتے تھے ان میں سے ایک مولانا محمود خیال صاحب تھے جن کی اٹھان اسی جامع مسجد کے خطیب کی حیثیت سے ہوئی تھی، وہ مولانا شبیر احمد عثمانیؒ اور مولانا محمد انور شاہ کشمیریؒ

کے شاگردوں میں سے تھے، انجمن اسلامیہ ہائی اسکول بھٹکل میں پڑھاتے پڑھاتے زندگی گذاردی۔ دوسری شخصیت بھٹکل میں متحدہ جماعت المسلمین کے قاضی اور اپنے دور میں فقہ شافعی کے عظیم مرجع مولانا قاضی شریف محی الدین اکرمی مرحوم کی تھی، اکرمی مرحوم نے ایک عرصہ ممبئی کے قاضی عطاء اللہ مرگھے کے نائب کی حیثیت سے گذارا، اپنے علم و تفقہ کی وجہ سے عملاوہی قاضی شہر تھے، آپ کے تفقہ کا ایک واقعہ بیان کیا جاتا ہے کہ جامع مسجد ممبئی کے ایک قدیم خطیب بوڑھے ہوگئے اور بیٹھ کر خطبہ دینے پر مجبور ہوگئے تو ایک فتنہ برپا ہوگیا، ازہر شریف سے بھی فتوی لایا گیا جس میں خطیب معذور ہونے کی صورت میں بیٹھ کر خطبہ دینے کی اجازت دی گئی تھی، لیکن قاضی اکرمی نے اس کے خلاف یہ کہہ کر دلیل دی کہ یہ اجازت امیر معاویہ رضی اللہ عنہ کے لئے مخصوص تھی کیونکہ اس وقت امیر معاویہ خلیفۃ المسلمین ہونے کی وجہ سے مسلمانوں میں افضل ترین شخص تھے، خطابت جمعہ کا ان سے زیادہ مستحق شخص اس وقت روئے زمین پر موجود نہیں تھا، لیکن یہ خطیب صاحب آج ممبر پر چڑھنا چھوڑ دیں تو خطبہ دینے کے لئے ان سے زیادہ افضل افراد کی قطار لگ جائے گی۔ لہٰذا افضل کی موجودگی میں مفضول کو امامت و خطابت کے لئے کھڑا کرنا درست نہیں ہے۔ اکرمی صاحب کی رائے کے آگے انتظامیہ نے ہتھیار ڈال دئے۔

اس زمانے میں کتب خانے میں کتابوں کی حفاظت کے لئے بڑی احتیاط برتی جاتی تھی، یہاں کتابیں بھی بڑی نادر و نایاب رکھی ہوئی تھیں۔ اس کا اندازہ ۱۹۲۶ء میں چھپی کتب خانے کی تفصیلی فہرست سے لگایا جاسکتا ہے کہ یہاں پر رکھی کتابیں کتنی انمول تھیں ۔ ہمیں مرکز جمعہ الماجد للثقافۃ والتراث دبی میں کام کے دوران محسوس ہوا، یہاں ہمارے ذمے فہرستیں دیکھ میکرو فیلم بنانے کے لئے قیمتی کتابوں کا انتخاب کرنا تھا، اس ناچیز کو علم

کے حصول کے لئے زندگی میں کبھی سنجیدگی سے محنت کرنا تو نہیں آیا، لیکن فہرستوں کے مطالعہ نے غیر شعوری طور پر بہت کچھ دیا، یاد پڑتا ہے کہ ہم نے اس وقت میکرو فیلم کے لئے چھٹی صدی ہجری کے خازن نامی حکیم کی زندگی میں لکھی گئی ایک طبی کتاب کو منتخب کیا تھا، اس ایک نمونے سے قلمی کتابوں کے قدردان کتب خانہ محمدیہ کے علمی ذخیرے کی ندرت اور قدر و قیمت کا اندازہ لگا سکتے ہیں۔

فہرست کتب کے تذکرے سے ممبئی میں جالمی محلے کے عظیم ناشر کتب محمد غلام رسول سورتی کی پانچسو صفحات پر محیط فہرست مطبوعات (اسعاف الراغبین) کی یاد تازہ ہوگئی، اسی مکتبہ سے اکرمی صاحب کی کتاب (توضیح المسائل) او(رتسہیل الفقہ) شائع ہوئی تھی، ابھی ہمیں عربی حروف کی تھوڑی شدبدھ ہوئی ہی تھی، باوجود اس کے نہ جانے کتنی بار اس فہرست کے صفحات پر ہم نے نظر دوڑائی۔ اللہ نے میں بعد میں علم و کتاب سے ہماری روزی روٹی کو جو جوڑ دیا اس میں توفیق یزدی کے ساتھ اس غیر شعوری ورق گردانی سے بھی بڑی مدد ملی۔

اس زمانے میں محمد علی روڈ اور پائیدھونی کے علاقے میں کتابوں کی بہت ساری بڑی چھوٹی دکانیں ہوا کرتی تھیں، علوی بک ڈپو، کتابستان، علی بھائی شرف علی کا تو لوگوں کو اب نام بھی یاد نہیں رہا، شرف الدین کتبی اپنے بانی کے زمانے میں عربی کتابوں کے بڑے ناشر شمار ہوتے تھے، شام و مصر کے ناشرین کتب کی طرح، اتوار کے اتوار اس کے سامنے فٹ پاتھ پر کباڑی پرانی کتابوں کا بازار لگاتے تھے، بڑی قیمتی اور نایاب کتابیں یہاں سستے داموں ملا کرتی تھیں، یہیں سے ہم نے (زمانہ کانپور) کی فائل کوڑیوں کے بھاؤ میں خریدی تھی، ایک روز کباڑی کے یہاں عربی زبان کی ایک بہت ہی قدیم بوسیدہ کتاب ملی جس کا ابتدائی اور آخری صفحہ غائب تھا، کتاب کو دیکھ کر اندازہ ہوا کہ بڑے کام کی چیز

ہو گی، کتاب لے کر ہم قاضی اطہر صاحب کے پاس پہنچے، کتاب دکھائی تو وہ حیران رہ گئے، کہنے لگے یہ نادر کتاب کہاں سے مل گئی، ہم نے صرف اس کا نام سن رکھا تھا، لیکن اس کے چھپنے کا ہمیں علم نہیں تھا، قاضی صاحب سے کتاب کا نام لے کر ہم قاری کاپڑے کے یہاں کتب خانہ محمدیہ پہنچے۔

یہ کتاب (عنوان الشرف الوافی فی الفقہ والنحو والتاریخ والقوافی) تھی جو کہ دراصل عربی زبان کا ایک معجزہ ہے۔ کتاب تو دراصل فقہ کی ہے، لیکن تمام سطروں کے ابتدائی حروف کو اوپر سے نیچے جوڑ دیا جائے تو نحو کی، اسی طرح درمیانی حروف کو جوڑا جائے تو تاریخ کی اور آخری حروف کو جوڑا جائے تو قوافی کی کتاب بنتی ہے، ایک کتاب میں پانچ کتابیں، اس طرح کہ عبارتیں تمام آپس میں مربوط وبامعنی۔ یہیں آپ نے تاریخ ابن خلکان نکال کر دی، اس طرح ہم نے اس کتاب کو ہاتھ سے لکھ کر مکمل کیا اور ابن خلکان سے مصنف کے حالات بھی جمع کر دئے۔

قاری صاحب کو جب ہمارے ذوق کا احساس ہو گیا تو ہم پر بڑے مہربان ہو گئے، قیمتی قیمتی قلمی کتابیں دکھاتے تھے، کتب خانے میں مخدوم علاء الدین علی المھایمی رحمۃ اللہ علیہ کی قلمی کتابوں کا وسیع ذخیرہ دیکھنے کو ملا، جن میں تفسیر مہایمی کے کئی ایک نفیس اور مختلف رنگوں کی روشنائی میں لکھے نسخے موجود تھے، مولانا عبد الحی حسنی رحمۃ اللہ کے بقول ہندوستان کی اسلامی تاریخ کی یہ سب سے عظیم اور خواجہ معین الدین اجمیری رحمۃ اللہ علیہ کے بعد مقبول ترین شخصیت مظلوم ترین شخصیت ہے، تفسیر مہایمی اور فقہ کی ایک مختصر کتاب کے علاوہ آپ کی سبھی کتابیں غیر مطبوعہ ہیں، سنا ہے مہایم کی درگاہ کے کتب خانے میں ان کتابوں کا بڑا اثاثہ محفوظ تھا، پتہ نہیں اب ان کا کیا حال ہے۔

قاری صاحب کے پاس ہی ہماری ملاقات حامد اللہ ندوی صاحب سے ہوئی، انہی سے

ہمیں چرچ گیٹ میں واقع مہاتما گاندھی میموریل اور اس وقت میموریل کے جواں ہمت وجواں سال سکریٹری ڈاکٹر عبدالستار دلوی کا تعارف کرایا۔ حامد اللہ صاحب بڑے نرم خو اور لسانیات کے بڑے عالم تھے، میموریل کے پروجکٹ کے تحت کتب خانہ محمدیہ کی فارسی کی قلمی کتابوں کی فہرست مرتب کررہے تھے، اس وقت تک اس فہرست کی ایک جلد زیور طبع سے آراستہ ہوچکی تھی، دوسری پر کام جاری تھا۔ بعد میں آپ نے ڈاکٹریٹ کرکے بمبئی یونیورسٹی میں لسانیات کی لکچرر کی حیثیت سے خدمات انجام دیں اور عمر طبعی میں رٹائرڈ ہونے قبل ہی اللہ کو پیارے ہوگئے۔ آپ کے توسط سے مہاتما گاندھی میموریل کی قیمتی اور مرتب لائبریری کے دروازے ہم پروا ہوئے تھے، یہاں کے ادبی ذخیرے سے ہمیں خوب استفادے کا موقعہ ملا تھا۔

اب ممبئی کے لوگ ڈاکٹر ذاکر نائیک کو ان کے والد ڈاکٹر عبدالکریم نائیک سے زیادہ جانتے ہیں، ورنہ عبدالکریم صاحب کی سماجی شخصیت ممبئی میں بڑی معروف تھی، اپنی جوانی میں خوب قوم کی خدمت کی، آپ ہی کے مالی تعاون سے مولانا عبدالرحمن پرواز اصلاحی مرحوم نے مخدوم مہایمی کی سیرت کا پروجکٹ مکمل کیا تھا، اس کام کے لئے بھی کاپرے صاحب نے اس زمانے میں خوب کتب خانے کتب خانے سے خوب مدد کی۔

مفتی اشفاق صاحب سے بر سبیل تذکرہ معلوم ہوا کہ کتب خانہ محمدیہ میں اب قاری کاپرے کو جاننے والا کوئی نہیں، انہیں یاد کرنے کے لئے صرف کسی کسی ورق پر نام لکھا ہوا رہ گیا ہے، جس سے یہ پتہ نہیں چلتا کہ موصوف کون تھے، کہاں سے آئے تھے، کتب خانے کے اوپر جس کمرے میں قیمتی قلمی کتابیں رکھی ہوئی تھیں اور وہاں کسی کو پر مارنے کی جگہ نہیں تھی اور قاری صاحب کو ہم نے پیرانہ سالی کے باوجود سیڑھی چڑھتے اور اپنے ہاتھ سے ان قیمتی جواہرات کو ہانپتے کانپتے لاتے اولے جاتے دیکھا تھا، آپ کی

رحلت کے بعد فوراخالی کر کے رہائش گاہ بنادیا گیا تھا،اب کسی کو پتہ بھی نہیں ہے کہ وہاں کیسے قیمتی خزانے کو آنکھوں کے میل سے دور سینت سینت کرر کھا گیا تھا۔

کتب خانے سے اس لاپروائی پر تین دہائیوں سے زیادہ عرصہ بیت چکا ہے۔ اس دوران کئی نسلیں گذر گئی ہیں،اس کے باوجود اگر اب اس کتب خانے کی یاد ذمہ داران کو آگئی ہے تو یہ بھی قابل تعریف امر ہے، خدا کرے زمانے کی بے پروائی کے باوجود اب بھی قدرت کی کرم فرمائی سے پرکھوں کی امانت کا بڑا حصہ ضائع ہونے سے بچ گیا ہو، جن ہاتھوں نے علم و دانش کی قدر دانی کرتے ہوئے آج کے اس مادی دور میں باقی ماندہ امانت کی آئندہ نسل کو منتقل کرنے کی ٹھانی ہے وہ واقعی قابل مبارکباد ہیں۔ ان کی خدمت میں ہم ہدیہ تہنیت پیش کرتے ہیں۔ گر قبول افتد زہے عزت و شرف۔

(۱۱) پرانا شہر حیدرآباد کی شاہ علی بنڈہ لائبریری:
چھ ہزار سے زائد نایاب کتب موجود

رہنما نیوز بیورو

کسی زمانہ میں علم کا خزانہ مانی جانے والی پرانے شہر میں واقع "شاہ علی بنڈہ لائبریری" آج اپنی زبوں حالی پر اشکبار نظر آتی ہے۔ ٹوٹے ہوئے ایک شیلف اور فرنیچر جہاں لائبریری کی اندرونی خستہ حالی کی داستان بیان کرتے نظر آتے ہیں وہیں لائبریری کا بیرونی حصہ بھی ارباب مجاز کی عدم توجہی اور لاپرواہی کا رونا روتا دکھائی دیتا ہے۔ جب کہ لائبریری کی دیواروں پر کئی جگہ شگاف نمودار ہو چکے ہیں اور دیواروں کا پینٹ بھی اکھڑ کر گرنے لگا ہے۔ بارش کے موسم میں لائبریری کی چھت میں جو پانی اتر گیا تھا اس سے لائبریری میں رکھی ہوئی ۶۰،۰۰۰ سے زائد نایاب کتابوں کے لئے خطرہ ثابت ہو رہا ہے۔ شاہ علی بنڈہ لائبریری کی کتابوں سے استفادہ کے لئے تقریباً ہر ہفتہ آنے والے گریجویشن کے ایک طالب علم نے کہا کہ مجھ جیسے پرانے شہر میں رہنے والے طالبان علم کے لئے اس علاقہ میں یہ واحد لائبریری ہے لیکن اس کی باقاعدہ نگہداشت نہ ہونے سے اس کی حالت اتنی خراب ہو چکی ہے کہ اب اکثر لوگ یہاں آنے سے گریز کرنے لگے ہیں۔ پھر بھی روزانہ تقریباً سو (۱۰۰) افراد یہاں اخبارات کا مطالعہ کرنے آتے ہیں لیکن بدبختی یہ ہے کہ ان کے بیٹھنے کے لئے خاطر خواہ کرسیاں بھی موجود نہیں ہیں اور جو ہیں ان میں سے بھی کئی ٹوٹی ہوئی ہیں۔

لائبریری آنے والے ایک اور صاحب ۵۵ سالہ عبدالرحمن نے بتایا کہ سٹی گراندھالیہ سنستھا CGS نے چند سال پہلے لائبریری کی نئی بلڈنگ تعمیر کرنے کا وعدہ کیا تھا لیکن وہ صرف وعدہ ہی رہا اور نئی بلڈنگ تو ایک طرف، لائبریری کی جو موجودہ عمارت ہے اس کی مرمت اور داغ دوزی تک نہیں کی گئی۔ شاہ علی بنڈہ میں ہی سکونت پذیر ایک طالبہ سمیرہ بیگم نے شکایت کی کہ لائبریری میں نہ کتابیں سلیقہ سے رکھی جاتی ہیں اور نہ ہی یہاں کوئی کمپیوٹر موجود ہے۔ دیکھا گیا ہے کہ کئی مفید کتابیں جو طلبہ کے لئے اہم ہیں انہیں ایک کونے میں رکھ دیا گیا ہے، کیونکہ یہاں کتابیں رکھنے کے لئے درکار شیلف نہیں ہیں۔

اس بارے میں لائبریرین اومارانی سے دریافت کیا گیا تو انہوں نے لائبریری کے لئے کسی نئی عمارت کی تعمیر کی تجویز یا لائبریری کو کسی اور عمارت میں منتقل کرنے کی تجویز سے لاعلمی ظاہر کی۔ تاہم سٹی گراندھالیہ سنستھا (CGS) کے چیرپرسن مسٹر کے پرسنا نے کہا کہ لائبریری کے اندرونی حصہ کی مرمت کا کام جلد ہی شروع کیا جائے گا۔

اس کے علاوہ سنستھا نے حکومت سے شاہ علی بنڈہ کے علاقہ میں کوئی خالی اراضی فراہم کرنے کی خواہش کی ہے تاکہ پرانے شہر کے لوگوں کی سہولت کے لئے ایک نئی اور تمام عصری سہولتوں سے مزین لائبریری قائم کی جائے۔ فی الوقت جس بلڈنگ میں شاہ علی لائبریری میں قائم ہے وہ ایک مقامی سماجی تنظیم سے کرایہ پر حاصل کی ہوئی ہے اور یہ لائبریری CGS کے 'اے گریڈ' کی لائبریریوں میں شامل ہے، مگر اس کے باوجود تقریباً دس سال سے اس بلڈنگ کی آہک پاشی ہوئی ہے اور نہ کوئی مرمت!!

* * *